넝께
에게

늦게 피는 꽃은 있어도
피지 않는 꽃은 없다!

# 살아온 기적
# 살아갈 날들을
# 위한 용기

평강공주를 사랑한 까막눈이 아빠

노태권 · 최원숙 지음

세종
MEDIA

스스로 노력하지 않는 자가
어찌 비법을 얻을 수 있겠는가?
스스로 체득하지 않고서야
무엇이 비법이 될지 어찌 알 수 있겠는가?

프롤로그

# 천하를 얻어도 가정을 잃으면
# 무슨 소용 있으랴!

"더 늦으면 영영 못합니다. 모든 삶이 정각 정시에 시작하는 것은 아닙니다. 꿈꾸기에 늦은 나이는 없습니다. 과거는 하나도 바꿀 수 없지만 미래는 통째로 바꿀 수 있답니다. 내가 무슨 일을 하더라도 당신을 뒷바라지할 테니 당신은 공부를 하세요."

공부를 시작한다고 할 때 아내가 들려줬던 말이다. 그동안 난독증이라는 학습장애로 공부와 담을 쌓고 살아왔던 날들이 주마등처럼 스쳐 지나간다. 나는 아내를 만나지 못했다면 평생을 까막눈으로 살아야 할 운명이었다.

그런데 아내 덕분에 원 없이 공부를 했고, 수많은 방송에 출연하면서 수능 모의고사 올백의 기적을 보였고, 두 아들을 서울대학교에 진학시킨 아빠로 알려지면서 어느새 천여 번이 넘는 강의를 한 강사로 이전과 전혀 다른 새로운 삶을 개척하고 있다.

"천하를 얻어도 건강을 잃으면 무슨 소용이 있으랴!"

나와 동시대를 살아온 사람이라면 한 번쯤 들어봤을 말이다. 얼마 전까지만 해도 세상의 그 무엇보다도 건강이 최고였다. 하지만 지금은 어떤가? 인생 백세시대라는 말이 보편화하였고, 건강은 기본인 시대가 되었다.

그러다 보니 은퇴 후 집안에서 생활하는 시간이 늘어난 이 땅의 남편, 또는 아빠들에게 큰 위기가 몰려왔다. 은퇴하기 전까지 오로지 가족만을 위해 직장에서 청춘을 바쳤던 분들이 은퇴 후 아내와 자식들로부터 버림받는 일들이 늘어난 것이다. 그래서 나는 요즘 이 말을 이렇게 바꿔 수없이 되뇌고 있다.

"천하를 얻고도 가정을 잃는다면 무슨 소용이 있으랴!"

그런 점에서 나는 정말 복이 많은 사람이다. 까막눈 시절부터 나만을 지켜준 평강공주 같은 아내가 있기에 적어도 내가 변심만 하지 않는다면 노후는 걱정할 일이 없으니 이 얼마나 큰 복인가?

게다가 내가 한 살이라도 젊었을 때 아빠의 역할이 무엇인지 일깨워준 두 아들을 생각하면 더욱 그렇다. 그때 게임중독에 빠진 두 아들을 수렁에서 건져내지 않았다면 지금 우리 가정은 어떻게 되었을까? 정말 생각만 해도 끔찍한 일이다. 일찌감치 가정의 중요성을 일깨워 주며 오로지 나를 존중하고 사랑해준 아내 그리고 아빠를 믿고 묵묵히 따라와 남부럽지 않게 자라준 두 아들, 그저 고맙고 감사할 따름이다.

MBN에서 '최불암의 숲 어울림'을 촬영할 때 소극장 정문 앞까지 마중 나와 주시고, '44살에 한글 깨친 까막눈 아빠, 평강공주를 사랑한 까막눈 아빠'라는 제목으로 아내의 사랑을 일깨워준 최불암 선생님께 감사드린다. 이 책의 제목은 이 프로그램에서 영감을 얻은 것임을 밝혀둔다.

또한 선생님 덕분에 나는 '(사)함께 하는 아버지들'을 알게 되었고, 백세시대를 맞아 점점 가정에서 소외당하고 있는 아빠들을 위해 내가 해야 할 일이 무엇인지 찾아갈 수 있었다. 지금 강연을 하면서 가장 신경을 쓰는 분야가 바로 아빠의 역할에 대한 부분이다. 아빠가 행복해야 가정이 행복하고, 가정이 행복해야 사회가 행복하다. 이것이 나의 지론이다.

"그 이야기를 책으로 엮으면 어떨까요?"

이 책은 방송출연 후 어른들을 상대로 강의를 할 때마다 이렇게 격려해 주신 많은 분들 덕분에 용기를 내서 쓰기 시작한 것이다. 막상 쓰다 보니 밀려오는 부끄러움 때문에 참 많은 시간이 걸렸다. 그때마다 곁에서 항상 격려하고 응원해 주신 모든 분들께 감사드린다.

지금 행복하지 않은 사람은 나중에도 행복하기가 힘들다. 행복이 연습되지 않은 만큼 행복한 일이 찾아와도 온전히 누릴 수 없기 때문이다. 마찬가지로 지금 가정을 챙기지 않는 사람은 나중에 여유가 생겨도 가정을 챙기기 힘들다. 가정을 챙기는 것에 익숙하지 않으면 아무리 기회가 많이 생겨도 그것을 온전히 즐기지 못한다. 가정의 행복을 원한다면 지금 당장 작은 일이라도 행복한 일을 실천해 보길 바란다. 천하를 얻고도 가정을 잃는다면 무슨 소용이 있으랴!

모쪼록 이 책이 백세시대를 살아가는 이 땅의 모든 어른들에게 꼭 필요한 책이 되었으면 하는 욕심을 담아 본다. 아내는 남편을 사랑하고, 남편은 아내와 자녀에게 좀 더 정겹게 다가가는 사랑스러운 존재가 되었으면 하는 바람을 담아 본다.

차례

# 1부

# '강연 100도씨'
# 그 후에 무슨 일이?

그러고 보니 인생이 다 그런 것이 아닌가 싶다.
인생은 수많은 시행착오를 거치며
자신에게 맞는 자리로 찾아간다.
세상은 완벽하다고 좋은 것이 아니다.
적당한 약점이 있어도 그것을
어떻게 받아들이고 사느냐가 중요하다.

## 인복, 이보다 더 좋은 것이 어디 있으랴

"안녕하세요? 저는 시에치에프시(CHFC) 대표 김병기입니다. 생활의 달인을 보고 전화 드렸습니다. 한번 만나 주실 수 있으신지요?"

2014년 SBS '생활의 달인'에서 공부의 달인으로 연말에 대상을 수상하고 얼마 안 있어 받은 전화 한 통은 내 인생을 획기적인 전환점으로 이끌었다. 그동안 막노동판에서 험한 일만 했던 내가 사람들 앞에서 강의를 하는 동기부여 강사로 나설 수 있도록 인도해준 것이다.

"저는 공부는 자신 있지만 남들처럼 대학을 나온 것도 아니고 학벌도 별 볼 일이 없는데 괜찮겠습니까?"

"학벌은 중요하지 않습니다. 선생님은 삶 그 자체만으로도 충분히 자격을 갖췄습니다. 그러지 않아도 요즘 젊은이들이 끈기가 없어서 강한 동기부여가 필요한데 선생님께서 그 역할을 맡아 주셨으면 합니다."

처음에는 이름도 생소했던 종합금융투자자산관리사의 전문교육기관인 CHFC 한국평가인증주식회사의 김병기 회장님은 그렇게 내게 다가왔다. 그동안 '생활의 달인'에 나온 내 동영상을 보여 주며 직원들에게 동기부여 교육을 해왔는데, 이제부터 내가 직접 강의를 통해 텔레비전에 다 담지 못한 이야기까지 들려주면 더 좋시 않겠냐는 제안이었다. 그러면서 김병기 회장님은 그 자리에서 나를 회사의 동기부여 교수로 임명해 주었다.

나의 강사생활은 그렇게 시작되었다. 김병기 회장님을 만나고 나는 세상에 가장 좋은 복이라는 인복에 대해서 생각해 봤다. 아무리 뛰어난 재능을 갖고 있어도 그것을 알아주는 이가 없으면 무슨 소용이 있단 말인가? 조선시대의 명발명가 장영실이 세종대왕을 만나지 않았다면 어떻게 그 재능을 발휘할 수 있었겠는가? 문득 내가 장영실이고 김병기 회장님의 세종대왕은 아니었을까 하는 생각도 해보았다. 이 순간 이렇게 나를 알아주는 분을 만났으니 어찌 인복을 생각하지 않을 수 있겠는가?

그러고 보니 나는 정말 인복이 좋은 사람이다. 난독증으로 공부를 제대로 하지 못해 막노동판을 떠돌던 내가 아내를 만난 것은 정말 하늘이 내린 인복 중의 인복이었다. 남자 나이 서른다섯이 될 때까지 선 한 번 들어오지 않았던 내가 늦게나마 천사 같은 아내를 만나 이렇게 환골탈태할 줄이야 어느 누가 알았겠는가?

그러고 보니 남들은 그냥 미신일 뿐이라고 웃어넘길지 모르지만 내게는 그냥 웃어넘길 수 없는 이야기가 있다. 나 역시 처음에는 미신이라고 웃어넘겼지만 지금 돌이켜보면 정말 인복이라는 것이 있기는 있는 것만 같다.

어릴 때의 어느 명절날이었다. 먼 친척 할머니가 아버지를 보고 뜬금없는 말씀을 하셨다.

"자네는 삼정승의 처복을 타고났어. 처복 덕분에 먹고 사는데 지장은 없을 거야."

그것은 아버지도 인정하셨다. 실제로 아버지는 정치적으로 안 좋은 일에 휘말려 실직한 후 장사를 하신 어머니 덕분에 집안의 가장으로서 생계를 걱정하지 않고 살고 있었다. 아버지는 그 말을 듣고 순순히 인정하며 고개를 끄덕이고 있었다. 그런데 그 할머니가 나를 보고 놀라는 표정으로 재차 말을 이었다.

"자네는 아버지보다 처복이 더 좋아. 삼정승 처복보다 더 좋은 복을 타고났으니 걱정하지 말고 이 사람이다 싶은 여자가 있으면 얼른 그 여자를 잡아. 굴러온 처복을 절대로 놓치면 안 돼.”

그 후 나는 30대 중반까지 결혼을 못하다가 지금의 아내를 만났다. 할머니가 말한 처복이 이게 아닌가 싶었다. 아내를 만난 것이 얼마나 큰 인복인지는 몇 날 며칠을 이야기해도 부족함이 없다. 그때 아내를 만나지 않았다면 오늘의 나는 결코 없었을 것이다.

나는 서른다섯 살까지 막노동판을 전전하는 바람에 맞선 한 번 보지 못했다. 그런데 더 놀란 것은 아내의 반응이었다. 아무것도 볼 것이 없는 나를 보는 순간 아내는 ‘이 남자다!’ 싶었다고 한다. 이것을 어떻게 말로 표현할 수 있으랴. 삼정승 처복보다 더 좋은 저복이 있다는 할머니의 말이 아니라면, 내가 살아오면서 가장 중요하게 여겨온 인복이 아니라면 이것을 어떻게 설명할 수 있단 말인가?

그 인복은 지금도 계속 이어지고 있다. 2016년 6월에 (사)한국강사협회에서 주관한 대한민국 명강사 경연대회에서 대상을 수상하고, 8월에 대구에서 열린 명강사 세미나에 갈 때 이화여대 명강사 과정 주임교수인 안병재 교수님과 같은 차를 타게 되었다. 나중에 안 사실이지만 안병재 교수님은 젊었을 때 현대자동차 영업왕을 하셨고, 한국강사협회 초대와 2대 회장을 맡으시면서 강사들의 많은 존경을 받는 분이셨다.

“강사님은 삶 자체가 강의입니다. 앞으로 더욱 선한 영향력을 베풀어 함께 하는 명강사가 되셨으면 합니다. 제가 열심히 응원하겠습니다."

안병재 교수님은 적극적으로 나를 응원해 주신다고 했다. 그동안 마치 어디선가 나를 지켜보다가 마치 이때를 기다렸다는 듯이 나타나서 정말 친근하게 다가와 주셨다. 이것 또한 인복이 아니라면 어떻게 설명할 수 있단 말인가? 안 교수님은 일부러 내게 전화를 해서 4인 4색 강연이 있는 모임에 우리 부부를 초대해 주셨다. 처음에는 무엇을 하는 곳인지 잘 몰랐지만 그곳이 이화여대 명강사 과정을 마친 이들의 모임인 드림팀이라는 것을 알고 몸 둘 바를 몰랐다.

"저는 학력도 중졸이 전부인데 훌륭하신 분들과 함께 해도 괜찮겠습니까?"

안 교수님은 지금 이대로도 충분하다며 이화여대 명강사 과정을 소개하며, 그 자리에서 강의도 할 수 있게 해주었다. 그러면서 이렇게 말씀하셨다.

"강사님의 백도씨 강연인 '아버지의 이름으로'라는 말이 가슴에 와 닿습니다. 저 역시 '아버지의 마음으로' 강연을 해야 한다고 항상 가슴에 새기고 있는데, 우리는 정말 많은 것이 통하는 것 같습니다. 그러니 함께 해서 선한 영향력을 미치는 명강사가 되었으면 합니다."

그러면서 언제나 그림자처럼 내 곁을 따라다니는 아내에게도 강사과정을 권했다. 아내는 기겁을 하듯 놀라며 손을 저었다. 내 곁에서 나를 도와주는 것으로 만족할 뿐이라고 했다.

"내가 무슨 강의를 해요. 저는 당신 강의를 도와주는 것만으로도 충분해요. 제가 남 앞에 서는 것을 좋아하지 않는다는 것을 알면서 왜 이래요?"

아내는 둘이 있을 때 완강히 거부했다. 지금 이대로 만족한다는 것이었다. 하지만 나는 안 교수님의 말씀을 떠올리며 아내를 설득했다.

"그런 식으로 말하면 나는 뭐 남 앞에 서는 것을 좋아했나? 열심히 살다 보니 여기까지 왔고, 어쩌다 방송에 나오다 보니 강의도 하게 된 거지. 당신도 충분히 자격이 있어. 그러니까 천천히 준비해 보자고."

그러자 아내는 겨우 마음을 열어 강사과정을 듣고 있다. 아내는 지금 안 교수님이 말씀하셨던 '선한 영향력을 끼치는 강사'라는 말을 항상 가슴에 새긴다고 한다. 누군가에게 선한 영향력을 끼칠 수 있다면 한세상 잘살았다고 할 수 있지 않을까?

그동안 공부의 달인으로 방송에 나오고 나서 우리는 돈과 관련된 유혹을 많이 받았다. 심지어 강남의 한 부자 할아버지는 다른 일을 다 내려놓고 자신의 손자만을 봐달라고 했다. 어떻게든지 손자를 서울대학교에 합격만 시켜 준다면 수십 억대의 재산을 주겠다고 했다. 또한 수많은 어머니들이 아이를 맡아만 주면 큰돈을 주겠다고 찾아왔었다. 엄청 쪼들릴 때지만 우리는 결코 돈의 유혹에 빠지지 않았다. 좋

살아온 기적 살아갈 날들을 위한 용기

은 일로 번 돈이 아니라면 결코 행복을 담보할 수 없다는 것을 잘 알고 있었기 때문이다.

유혹이 강하게 미소 지을 때마다 아내와 나는 다짐했다. 이 길은 우리의 길이 아니다. 무조건 서울대학교만 전부로 여기는 이들에게 우리가 해줄 것은 없다. 그래서 그 많은 돈의 유혹을 뿌리치고 우리는 지금까지 묵묵히 우리의 길을 선택해서 걷고 있다.

"강사님은 막노동판에서 험한 일을 했는데 전혀 티가 나지 않습니다. 이제 강사님은 그쪽 세계를 강연에 녹여 우리 모두가 더불어 사는 세상을 만드는 데 힘을 보탰으면 합니다. 희망을 잃고 살아가는 이들에게 희망을 주는 인재육성을 위해 우리와 함께 했으면 합니다."

안병재 교수님의 말은 우리에게 큰 힘을 주었다. 그동안 개인적으로 수능 공부는 원 없이 했지만, 이렇게 더불어 사는 세상을 만들기 위해 강사 공부를 해본 적이 없었다. 따라서 나는 이 분야에 신입생과 마찬가지다. 그럼에도 불구하고 안병재 교수님은 우리를 적극적으로 믿어 주고, 이끌어 주신다. 내게는 과분한 한국교육멘토 홍보대사의 자리도 주시고, 아내도 함께 공부할 수 있는 길로 이끌어 주셨다.

김병기 회장님과 안병재 교수님을 만난 것은 내게 더할 나위 없이 큰 인복이다. 그래서 나는 지금 내게 주어진 인복에 감사하며, 두 분을 만나게 해주신 하느님께 감사하며 묵묵히 두 분을 멘토이자 스승으로 모시며 따를 뿐이다. 내 비록 청출어람은 못하지만 이 세상에서 가장 아름다운 제자가 되겠다고 두 분에게 꼭 말씀드리고 싶다.

지금도 내가 소중하게 여기는 인복은 계속 이어지고 있다. 2016년 9월에 KBS '강연 100도씨'에서 전화가 왔다. 그동안 방송된 프로그램 중에 시청자가 뽑은 베스트 1위로 내가 뽑혔다는 것이다. 그 기념으로 '강연 100도씨'에 축사를 해달라고 했고, 앞으로 계속 방청을 해달라고 했다. 그 덕분에 사회자인 김재원 아나운서를 만날 수 있었고, 항상 친절하게 대해 주는 그분을 통해 역시 나는 인복이 참 좋은 사람이라는 것을 확인하고 있다.

어디 그뿐인가? 나는 2016년 10월에는 고려대학교 명강사 과정의 강사로 섭외를 받았다. 비록 중졸의 학력이지만, 누구보다 늦게 시작한 강사의 길이지만, 좋은 인연으로 다가와 주는 분들이 정말 많아 행복한 비명을 지르고 있다. 이 자리를 빌려 고려대명강사 육성과정의 서필환 주임교수님께도 감사드린다.

인복, 세상에 이보다 더 좋은 것이 어디 또 있으랴. 물론 인복을 누리려면 그만한 그릇이 되어야 한다. 나는 과연 이 많은 인복을 다 누릴 자격이 되는가? 항상 나 자신을 돌아보며 내 역할은 무엇일지 살필 뿐이다.

그리고 언젠가 나 역시 나를 만나는 모든 사람들에게 나를 만나서 인복이 좋다는 소리를 들을 수 있는 사람이 되기 위해 노력하고 있다.

나도 누군가에게 복 중에 최고의 복인 인복을 전하는 사람이고 싶다.


## '강연 100도씨', 그 뒷이야기

2013년 2월, KBS '강연 100도씨' 제작진한테 전화를 받았다. 정상적이지 않은 아빠가 정상적이지 않은 방법으로 공부를 하여 정상적이지 않은 자식들을 직접 가르쳐서 서울대학교에 합격시킨 비법을 15분에 맞춰 발표해 달라는 것이었다.

그때 나는 2년 전부터 '어느 아빠의 교과서'라는 타이틀로 EBS 광고 모델을 하고 있었다. 그것을 계기로 SBS, KBS, MBC 등에서 수차례 방송출연 제의를 받았지만, 1시간 이상 편성되는 방송은 건강 문제를 들어 간곡히 사양하고 있었다.

그때 나는 내 공부와 아이들 공부에 14년 동안 몰입했었는데, 그 때문에 몸이 많이 쇠약해졌다. 실명위기로 잘 보지 못했고, 신진대사가 활발하지 못해 대소변 조절이 되지 않아 기저귀를 차고 생활해야 했다. 키가 175cm인데 체중은 50kg을 겨우 넘기고 있었다.

사실 '강연 100도씨' 출연은 작은아들이 먼저 제안을 받았다. 한양대학교 연극영화과에 4년 장학생인 수석으로 합격한 것이 화제가 된 것이다. 방송국에서 아이의 이야기를 접하고 방송 이슈가 될 수 있다고 생각한 모양이다. 하지만 작은아들은 방송출연을 결사코 고사했다.

그다음에 큰아들에게 제안이 들어왔지만 그 당시 큰아들은 군 복무 중이었다. 그래서 내게 출연제의가 수정되어 들어왔다. 서울대학생의 공부비법에서 '아빠의 이름으로'라는 타이틀로 바뀌어 중졸 아빠가 중졸 아들을 직접 교육시켜 서울대학교에 보낸 공부비법이 된 것이다.

처음에는 나 역시 망설일 수밖에 없었다. 어눌한 말투도 문제였지만, 앞에서 말한 대로 몸 상태를 무시할 수 없었기 때문이다. 다행히 '강연 100도씨'는 다른 방송과 달리 15분이면 된다고 했다. 두 아들에 이어 나까지 거절을 하는 것도 예의가 아닌 것 같아 가까스로 요청을 받아들였다. 우여곡절 끝에 KBS 본관 10층 로비에서 대면 인터뷰가 진행되었다. PD와 작가가 준비한 자료를 바탕으로 질문하면 내가 답변하는 방식으로 2시간이 걸렸다. 강연 녹화는 900명을 수용하는 별관에서 오후 6시에 진행되는데, 강연 대본은 3일 전에 이메일로 보내준다고 했다. 강연 대본을 미리 보내 주면 외워서 할까 봐 그러는 것이니까 제발 대본을 있는 그대로 외우지 말고 자연스럽게 말이 나오도록 순서를 바탕으로 대략적인 내용을 이해하라는 당부도 덧붙였다.

말을 심하게 더듬는 나는 다음날부터 국어 수능교재를 펴놓고 또

살아온 기적 살아갈 날들을 위한 용기

박또박 읽기 연습을 했다. 수년간 학습으로 거의 외우다시피한 현대소설 5지문(9,000자)과 수필문학 10편을 선택해서 하루에 12시간 이상 낭독했다.

녹화 3일 전에 받은 강연대본은 내가 발음하기 어려운 'ㄹ'과 'ㅎ'으로 시작되는 단어를 발음하기 쉬운 어휘로 대체했다. 그런 다음 스테인리스 젓가락을 입에 물었다. 입 밖으로 나온 양쪽 부분을 휘어서 뺨에 테이프로 붙여서 떨어지지 않도록 고정시켰다. 그리고 그 상태로 대본 연습을 하면서 발음 교정을 했다. 하루 24시간 자나 깨나 젓가락을 물고 있었던 나는 식사는 물론이고 세수도 하지 않았다. 그것이 내가 할 수 있는 최선이라고 생각했다

마침내 촬영 당일 날, 가족들과 함께 KBS 녹화장에 도착했다. '강연 100도씨'는 한 번에 6명을 촬영해서 1회에 3명씩 2주에 걸쳐 방영하는 형식이었다. 6명 중에 첫 번째가 내 순서였지만, 방송 진행상 현장에서 세 번째로 바뀌었다.

그때 대기실 소파에 앉은 해쓱한 내 모습을 보고 제작진들은 안절부절못했다. 나는 그 자리에서 팔굽혀펴기를 스무 번 해보이며 그들을 안심시켰다. 여성작가 한 분이 걱정되는지 계속 대본을 점검하는 나를 도와주었다. 그러면서 따뜻한 우유를 권했다. 쌀쌀한 날씨에 약간의 한기를 느끼며 목마른 상태였던 나는 무심코 그것을 받아 마시고 말았다.

세 번째 강연자인 내 차례가 왔다. 아내가 출연자 대기실을 나서는 내 손을 꼭 잡아 주었다. 무대 조연출이 나를 무대와 방청석이 살짝 보이는 2m 높이의 강연자 일시대기 무대로 안내했다. 악단의 연주와 함께 내 이름이 불려졌다. 대여섯 계단을 내려와 무대 중앙으로 향하던 나는 순간 몽롱한 정신 상태에 빠졌다. 그리고 다리가 후들거렸다. 쓰러지지 않으려고 안간힘을 쓰며 틀니를 꽉 물었다. 희미한 의식 속에서 바라보이는 사회자 모습이 흐릿하고 아주 작게 보였다.

나는 정신을 가다듬으며 한 발짝 한 발짝 나아갔다. 그때 사회자가 한 걸음 마중을 나왔다. 하마터면 그에게 큰절을 할 뻔했다. '이제는 살았다'는 안도감 속에 나는 사회자의 첫 질문을 놓쳤다는 것을 알아차렸다. 순간 당황했다.

'아, 그렇지 처음에는 스튜디오 인터뷰를 하는 것이지.'

얼른 대본 원고 윗줄을 슬쩍 보고 대답했다. 박수소리가 들리는 것으로 보아 제대로 대답을 한 모양이다. 이제 본격적인 강연을 위해 강연자 무대로 나아갔다.

그런데 대기실에서 마셨던 우유가 부글부글 끓어오르며 속에서 난리를 쳤다. 타올 한 장을 덧붙인 기저귀 사이로 불쾌하고도 시원한 액체가 허벅지를 타고 사정없이 흘러내렸다. 3일 동안 굶으면서 이런 일이 없기를 대비했는데…….

갑자기 앞이 보이지 않았다. 연출자의 시작 수신호를 볼 수 없었

살아온 기적 살아갈 날들을 위한 용기

다. 머리 위에서 희미한 불빛이 앞뒤 좌우로 어른거렸다. 이동 카메라가 움직이는 것 같았다.

"이 땅의 젊은이를 사랑하는 영원한 수험생 노태권입니다!"

나는 의도적으로 크게 외치면서 강연을 시작했다. 때때로 '스르르 차 스르르' 촬영하는 소리가 자장가를 부르듯 귀밑에서 들려왔다. 몸은 움직이는데 정신은 자고 있는 듯하다. 다행히 말은 입에서 저절로 흘러나왔다. 마침내 우레와 같은 박수와 환호 속에 파묻혀 있는 아내와 아이들 모습이 보였다. NG 없이 무사히 강연을 끝낼 수 있었다.

하지만 강연이 끝난 다음에 조금 문제가 생겼다. 내가 대본대로 하지 않은 것이다. PD와 작가는 내가 자신들이 제시한 대본대로 하지 않았다는 것에 난처한 표정을 지었다. 원래 내 강연은 첫 주차에 방송된다고 했는데 그날 방송에 나오지 않았다. 나중에 알고 봤더니 편집회의에서 대본과 다르게 강연을 한 내 분량을 놓고 고민을 많이 했다고 한다. 그래서 두 달을 더 고민하다가 겨우 방송에 내보내게 되었다고 한다.

다행인 것은 대본대로 하지 않았음에도 최고의 시청률을 보였다는 것이다. 지금도 '강연 100도씨'를 검색하면 '아빠의 이름으로'이라는 강연은 상위에 랭크되어 있다.

그저 많은 분들에게 감사를 드릴 뿐이다.

## 김밥 밑에 10만 원으로 챙겨준 사명감?

"만땅 주이소!"

주유소에서 야간 주유원으로 일할 때다. 한밤에 밀려드는 자동차로 정신없이 주유하고 있었다. 그때 허름한 봉고차가 들어왔다. 기름을 넣고 있는데 낯익은 사투리가 들려왔다. 그래서 봉고차 안을 힐끔 들여다보았다. 뒷좌석에 곤히 자고 있는 아낙네의 모습이 보였다. 너절한 이불, 허름한 작업복, 먹다 남은 음식 등이 눈에 띄었다. 이곳저곳을 떠돌아다니며 날품을 파는 사람임이 분명했다. 주유를 마치고 운전석으로 다가갔다.

'아, 이게 누구인가?'

서울로 돈 벌러 떠나면서 연락이 끊어진 친구였다. 나 역시 힘들게 사느라 찾지 못했는데 30년 만에 이렇게 만날 줄이야. 예상치 못한 만남에 시계바늘이 멈춘 듯했다. 친구가 갈라진 손등으로 덥수룩한 수염이 난 깡마른 턱을 한 번 비비더니 말없이 10만 원 수표 한 장을 내밀었다. 아득해진 정신을 간신히 수습한 나는 턱까지 차오른 목멘 소리로 중얼거렸다.

"친구 좋다는 게 뭐꼬?"

5만2천 원의 기름 값을 받을 수 없어 친구에게 수표를 그냥 되돌려 주었다. 친구는 말없이 수표를 받고 그 자리를 떠났다.

이틀을 일해도 감당할 수 없는 기름 값을 대신 지불하고 걱정은 되었지만 아무튼 친구 노릇은 그런대로 한 것 같았다. 하지만 떠돌이 삶을 사는 친구의 고달픈 모습이 서글픈 방울이 되어 내 가슴 속으로 밀려들었다. 차라리 만나지 않았으면 더 좋았을 그때 그 시절 그 동무. 그날 종일 마음이 편치 않았다.

그리고 이틀이 지났다. 주유소에 한 아주머니가 까만 비닐봉지를 들고 찾아왔다. 엊그제 만난 친구의 아내라면서 김밥을 사왔다는 것이다. 그리고 얼른 봉지를 건네고는 길가에 세워둔 차를 타고 가버렸다. 나는 받은 비닐봉지를 열어 보았다. 따뜻한 김밥 두 줄이 들어 있었다. 친구의 정성에 눈물이 핑 돌았다. 아뿔싸! 그 밑에 10만 원 수표가 들어 있었다.

친구도 내 사정을 알고 그냥 갈 수 없어 이렇게 한 것이리라. 나는 찻길로 내달렸다. 자욱한 새벽안개가 친구의 흔적을 지우고 있었다. 어디선가 낙엽 한 장이 굴러와 내 발 아래에 나뒹굴었다. 이번에는 친구의 마음이 편치 못할 것이라 생각했다.

그렇게 10여 년이란 세월이 흘렀다. 그동안 나는 독하게 마음먹고 오로지 공부에만 매달렸다. 그 덕분에 최고의 시청률을 기록한 KBS의 '강연 100도씨(44회, 아버지의 이름으로)', KBS '아침마당' 전국이야기대회 우승, SBS '생활의 달인(자녀교육의 달인)' 대상, 'EBS 어느 아버지의 교과서'와 EBS 교육프로그램 등에 출연하면서 자연스레 강사의 길로 들어섰다.

그런 인연으로 고향인 부경대학교에서 '21C 리더십 초청인사 특별강연' 강사로 초청을 받았다. 강연 장소인 대학극장은 15년 전에 막노동을 할 때 일용노동자로 땀 흘리며 일했던 건물 옆에 있었다. 이런 날이 올 것이라 꿈도 꾸지 못했던 일을 현실로 받아들이며 설레는 마음으로 밤잠을 설쳤다. 강연장에는 어떻게 알았는지 어린 시절 추억의 친구들이 1,000여 명의 청중 속에 자리 잡고 있었다. 어릴 때 심한 말더듬이에 난독증으로 공부도 지지리 못했던 내가 이 자리에 설 것이라고 생각한 친구들은 아무도 없었을 것이다. 하지만 그들은 방송을 통해 놀랍게 변한 내 모습을 보고 아낌없는 성원을 보내 주었다. 그들 덕분에 눈물범벅이 되어 내 생애 가장 가슴 벅찬 강연을 무사히 마칠 수 있었다.

강연이 끝난 후 파리하게 시든 모습의 한 여인이 조용히 곁으로 다가왔다. 어디서 본 듯한 얼굴이었다. 그녀가 내 앞에 멈춰 서서 조심스레 말했다.

"우리 10여 년 전에 춘천 주유소에서 만난 적이 있지요?"

친구의 아내였다. 나는 반가운 마음에 친구 아내의 손을 덥석 잡았다.

살아온 기적 살아갈 날들을 위한 용기

"남편이 그때 이후 방송을 보고 강사님 이야기를 참 많이 했어요. 강사님은 정말 좋은 친구라 분명히 좋은 강사가 될 거라고 했어요. 친구 강연을 직접 들어보고 싶다고 했는데……. 오늘 이 자리에 꼭 오고 싶어 했는데, 그만 몇 달 전에 세상을 떠나고 말았네요. 강사님, 제 남편은 우리처럼 가진 것 없고 배운 것 없는 삶을 넉넉하게 가진 사람들에게 전해서 더불어 사는 사회가 될 수 있도록 유명한 강사가 되기를 바란다고 했어요. 남편이 강사님 만나면 꼭 전해 달라고 해서 이렇게 왔습니다. 오늘 강연 정말 좋았습니다. 제 남편과 함께 왔으면 더 좋았을 텐데……."

친구 부인의 말을 들으며 나는 먹먹한 가슴을 달랠 수 없었다. 친구에게 맹세하듯 부인에게 말씀드렸다.

"예, 감사합니다. 반드시 좋은 강사가 되겠습니다."

나는 언제나 강의를 할 때면 친구가 김밥 밑에 챙겨준 끈끈한 정을 생각하며 마음을 가다듬고 있다. 이제부터 내가 하는 강연은 하늘에서 지켜보는 친구에게 부끄럽지 않은 강연이 되도록 최선을 다해야겠다고 다짐하고 있다.

## 명강사 경진대회에 출전하라고?

초등학교 시절 청백전 계주 최종주자로 활약하면서 나는 은근히 운동회만 기다렸다. 운동회가 다가오면 선생님을 도와드리기 위해 매일 아침 교문 앞에서 운동 장비를 관리하는 선생님을 기다렸다. 혹시 그 선생님이 나보다 먼저 출근하실지도 모른다는 생각에 항상 일찍 등교를 했다. 그런데도 선생님이 나타나지 않으면 나보다 먼저 정문을 통과했을 수도 있다는 생각에 운동장을 가로질러서 화장실부터 모든 곳을 살펴보았다. 내가 유일하게 잘하는 달리기를 할 수 있어 그때처럼 신난 적도 없었다. 달리기를 할 때만큼은 정말 행복했다.

하지만 지금의 나는 예전의 내가 아니다.

세상에나! 학창시절에 내가 지금처럼 공부의 즐거움을 느낄 수 있었다면 어떻게 되었을까? 어찌 내게 신나는 날이 운동회뿐이었겠는가? 지금처럼 즐겁고 행복한 마음으로 공부를 할 수 있었다면 지금쯤 내 운명은 어떻게 되었을까?

그 당시 공부에 전혀 재미를 느끼지 못한 나는 중학교를 졸업하고 바로 막노동판에 뛰어들었다. 그때 부산 구덕 종합운동장 잔디 보수공사에 참여한 적이 있다.

그곳에서 1970년대 장대높이뛰기에서 한국 신기록을 17차례나 세워 '봉고도(棒高跳)'라는 별칭을 얻은 홍상표 선수의 연습과정을 지켜보았다. 일본 와세다 대학에 유학을 다녀온 그는 출발 신호를 기다리며 스타트라인에 섰다. 그리고 뛰어오를 가로대를 한 번 노려보더니, 장대(2.5kg 정도의 무게)를 쥐고 눈을 지그시 감았다. 이윽고 10여 초가 지나자 신으로부터 물려받은 재능을 경기 중에 모두 연소해야 한다는 신조로 시합에 임하는 '창공의 사나이'는 힘차게 도움닫기(주로 30~40m) 달리기를 시작했다. 마침내 1963년 김해농고를 졸업한 직후부터 1974년까지 전국체전을 12연패했던 '한국 신기록 보유자'는 저 하늘 높이 날아올랐다. 지금도 그러한 그의 모습은 내 머릿속에 '멋진 남자의 멋진 기다림'으로 각인되어 있으며, 가슴 속에 불굴의 도전정신을 불어 넣어 주고 있다.

그때는 지금처럼 충격방지 시설을 갖춘 매트리스를 깔고 하는 것이 아니라 모래사장에서 훈련했었다. 그러니 떨어질 때 느끼는 충격은 지금보다 상상을 초월할 정도로 심했을 것이다.

"올라가는 것보다 떨어지는 것이 더 힘들었던 시절이었습니다."

그는 은퇴 후에 선수시절을 회상하며 이렇게 말했다. 이 말은 내게 묘한 느낌을 불러일으켰다. 지금도 나는 이 말을 떠올리며 수시로 나 자신을 돌아본다.

지금 내 인생은 방송 출연 후와 출연 전으로 나뉘고 있다. 방송 출연 전에는 나와 가족의 인생을 책임지기 위해 살아온 삶이었다면, 방송 출연 후인 지금은 내 의지와 관계없이 누군가의 삶에 영향을 끼치는 강사의 길이 펼쳐지고 있다. '강연 100도씨'와 같은 15분 강의에도 마음 졸이던 내가 이제는 서너 시간쯤은 아무렇지 않게 강의해야 하는 자리에 올라섰다.

그러다 보니 강사교육을 제대로 배워 본 적이 없는 나는 항상 조심스러웠다. 그래서 어떻게 하면 강연을 잘하는 강사가 될 수 있을까 고민하던 차에 내 능력을 점검해 볼 기회를 만났다.

2016년 (사)한국강사협회 명강사 경진대회가 바로 그것이다. 평상시 아빠의 강사활동을 모니터링 해주던 큰아들이 (사)한국강사협회 명강사 경진대회가 있다는 소식을 알려 주었다. 15분 동안 깅의를 하면 국내 유수의 명강사들이 심사를 해서 수상자를 가리는 일종의 강연 콘테스트라고 했다. 그러고 보니 2015년 1월에 백범기념관에서 명강사 경진대회에서 대상을 수상한 강사의 강의를 들었던 기억이 났다. 앞으로 강사로 계속 활동하려면 현재 우리나라에서 가장 왕성한 활동을 하고 있는 (사)한국강사협회에서 인정받는 강사가 되어야겠다는 또 다른 목표가 생긴 것이다.

"아빠는 강연 100도씨에도 나간 경력이 있으니까 잘하실 수 있을 거예요. 한번 도전해 보세요."

아들은 제일 먼저 신청서를 제출해 주었다. 예심을 거쳐 본선에 8명이 선출되었다. 본선은 2016년 7월에 수백 명이 모인 백범기념관에서 전문심사위원과 수많은 청중 심사위원들 앞에서 행해졌다. 항상 든든한 후원자인 아내와 두 아들 그리고 동생이 자리를 같이 해 주었다.

마침내 대회가 시작되었다. 방송과 달리 전문 강사들 앞에서 강연을 한다고 하니 또 다른 떨림이 있었다. 하지만 나는 당당하게 '늦게 피는 꽃은 있어도 피지 않는 꽃은 없다'는 주제로 불같은 눈빛, 미친 듯한 추진력, 폭풍 카리스마, 따뜻한 마음으로 한을 원망하지 않고 흥으로 풀어낸 인생 스토리를 15분 동안 강연했다. 마침내 그 자리에서 대상을 수상하는 기쁨을 누렸다. 그리고 김밥 밑에 10만 원을 챙겨준 친구와의 약속도 지켰다.

"올라가는 것보다 떨어지는 것이 더 힘들었던 시절이었습니다."

지금 내가 가장 가슴에 새기는 말이다. 지금까지 누구를 가르친다는 마음으로 강연을 해본 적이 없다. 방송이 그랬듯이 그냥 내가 살아온 삶을 그대로 보여 주는 것이 내 몫이라 생각한다. 그런데 막상 강사로 활동하다 보니 만만치 않았다. 내 말 한 마디에 영향을 받는 사람들을 생각하면 가끔 동기부여를 유발하기 위해서는 강한 어조로 말해야 할 때가 있다. 자칫 잘난 척하는 모습으로 비쳐지지 않을까 조심스러운 대목이다. 그래서 항상 내 삶을 있는 그대로 보여 주는 것이면 충분하다는 초심을 지키기 위해 더욱 노력하고 있다. 이왕이면

많은 이들에게 선한 영향을 끼치는 명강사가 되기 위해 끊임없이 자기계발에 힘쓰고 있다.

## (사)한국강사협회 명강사 경진대회 대상의 위력

(사)한국강사협회 명강사 경진대회 대상을 받은 다음날, 대전 MBC '허참의 토크 & 조이'에 출연 섭외를 받았다. 명강사 경진대회 대상의 위력을 몸소 느꼈다. 아내와 함께 출연을 했다. 방송 첫 부분에 15분 동안 강연하는 장면에는 자식들 수능 지도하면서 어려웠던 부분을 이야기했다.

방송에서 이야기했던 내용을 그대로 옮겨 보았다.

2008년 1월, 1년 동안 게임중독을 치료하며 심신을 단련하고 정화하면서 8,000 킬로미터 이상을 걸었습니다. 저는 글자가 지워지도록 보고 공부한 아내의 사랑 노트를 아이들에게 보여 주었죠. 아이들은 그것을 바라보면서 한없이 눈물을 쏟아냈습니다.

큰아들 수준에 맞게 중학교 과정부터 제가 교재와 문제를 만들어 가면서 가르쳤습니다. 아토피성 피부염의 환자들에게 피톤치드 효과를 적용했을 때 효과가 있다고 해서 낮에는 소나무가 많은 뒷산에 아이들을 데려가서 가르쳤습니다. 간이 책상과 의자를 만들어 자연 속 교실을 마련했죠. 영어 3인칭 단수도 모르는 자식을 아버지가 가르치려 하니 쉽지 않았습니다.

참치는 뜨고 가라앉는 것을 조절하는 부레가 없다고 합니다. 이 저주받은 물고기는 부레가 없기 때문에 무조건 앞으로 나아가야 합니다. 멈추고 쉬다가는 바다 밑바닥으로 가라앉습니다. 참치에게 있어 휴식과 머무름은 곧 죽음을 의미하죠. 나와 아이들은 언제나 어디서나 공부할 수 있는 축복받은 참치가 되자고 서로 격려했습니다.

2011년 6월, 작은아이는 두 번째 대상포진이 이번에는 얼굴에 발병했습니다. 눈두덩이 부어올라 두 눈을 완전히 가려버렸습니다. 온몸에서 진물이 흘러내렸습니다. 설상가상으로 나도 왼쪽 눈의 실핏줄이 터졌고 대소변 조절이 되지 않았죠. 작은아들도, 아내도, 큰아들도 이러한 현실에 절망했습니다.

하지만 나는 가족에게 단호하게 말했습니다.

"비바람과 눈보라, 혹서와 혹한, 갈증과 배고픔을 참아가며 소양강에서 운동한 이유는 무엇이란 말인가?"

다시 한 번 온 가족이 합심하고 단결하여 작은아들의 병을 치료하고 간호했습니다. 기저귀를 찬 채 해적안대를 착용한 나는 눈을 뜰 수도 볼 수도 없는 자식을 부축하면서 집에서 소양강 처녀상까지 오가며 수능 전 교재를 혀가 마비가 되도록 읽어 주면서 가르쳤죠. 이 모습은 2012년 2월 7일 EBS 저녁 뉴스에 '아버지가 들려주는 EBS'로 방영되었습니다.

가족 해체로 이어질 위기의 순간에 생활 체육을 하면서 아이들의 게임중독과 아토피 피부염을 치유했고 가정도 활기를 되찾았습니다. 아내의 헌신적인 뒷바라지와 자식들의 격려가 나에게 무한한 힘과 용기를 주었습니다. 그 덕분에 나는 아내와 자식과의 약속을 지킬 수 있었습니다. 나는 비록 여전히 중졸 학력의 막노동꾼이시만 아이들은 내가 최고의 아버지라고 칭찬해 줍니다. 그러니 저는 세상에서 가장 행복한 아버지입니다.

30분 토크쇼에 이어 5분간의 '나의 일상' 부분에는 '특성화고 · 마이스터고'를 사랑하는 주제로 천안 유관순체육관에서 열린 충남지역 특성화고 · 마이스터고 취업박람회 강연 특강 모습을 담았다.

## 운이 좋아서 하나를 틀린 거라고?

"참, 이해할 수 없네요. 다른 사람들은 방송에 나오고 싶어 줄을 서는

데 왜 힘들게 찾아온 기회를 이렇게 차버리는지……."

큰아들은 방송에 나오는 것을 극히 싫어했다. 그러다 보니 촬영 중에 NG를 낸 적도 많았고, 어렵게 촬영한 것도 방송 분량과 내용전개에 차질을 빚어 불방된 것도 있었다. 그때마다 담당 PD와 작가들은 이해할 수 없다며 고개를 절레절레 흔들었다.

그런데 어느 시점부터 아이의 태도가 바뀌기 시작했다. 이전 방송에는 극구 얼굴 비추기를 거부하더니 2014년 SBS '생활의 달인' 연말 대상을 받을 때는 처음으로 마음을 열고 함께 해주었다. 큰아이가 마음을 열기까지는 많은 에피소드가 필요했다.


작은아들은 2012년에 수능시험을 봤다. 그리고 한양대학교 연극영화과에 진학하겠다고 했다. 그때 큰아들은 동생에게 왜 서울대학이 아니고 한양대학이냐고 물었다. 작은아들이 대답했다.

"내 꿈인 영화감독이 되고 싶고, 또 아빠의 이야기를 내가 직접 영화로 만들어 보고 싶기 때문이야."

"그러니까 아빠를 위해서 그런다는 거지?"

"응, 그리고 그게 내 꿈을 이루는 길이기도 하잖아."

"이 바보야, 지금 네가 아빠를 위한다면 서울대학교를 가야 하는 거야. 네 말대로라면 그래야 아빠가 더 유명해지는 거잖아."

두 아들의 이야기를 들으며 나는 이제 아이들이 다 컸다는 생각을 했다. 그래서 아이들의 대화에 끼어들지 않고 스스로 결론을 내리도록 지켜보기로 했다.

하지만 작은아이는 끝내 자기 생각을 내려놓지 않았다. 그러자 큰아들이 가족회의를 해서 투표를 해보자고 했다. 그리고 투표가 끝나면 무조건 결과에 승복해야 한다고 했다. 작은아들도 승낙을 했다. 그러자 큰아들이 말했다.

"이건 네 문제니까 너는 투표권이 없어. 아빠와 엄마, 나 이렇게 셋이서 투표할 테니까 무조건 결정에 따라야 해. 알았지?"

그렇게 투표를 했는데 결과는 한 표 차이로 작은아늘이 이겼다. 나와 아내가 작은아들의 뜻을 존중해준 것이다. 그러자 큰아들은 말없이 결과에 승복했고, 작은아들은 자기 뜻을 따라 한양대학교 연극영화과에 장학생으로 진학하게 되었다.

작은아들은 그 후에 내가 2014년 3월 SBS '생활의 달인(422회)'에 나와 수능 모의고사 문제를 풀 때 한 문제만 틀린 것을 보고 다시 자극을 받았다고 한다. 아빠는 수능공부에 손을 놓은 지 1년이 훨씬 지난 지금도 저렇게 실력을 발휘하는데 자신은 무엇을 하고 있냐 싶었다는 것이다.

그래서 한양대학교 연극영화과를 그만두고 다시 공부를 시작했다. 그리고 2015년에 서울대학교 간호학과에 장학생으로 입학했다. 왜 간호학과를 지원했냐고 했더니 그 대답이 또 걸작이었다.

"대상포진 때문에 고생할 때 병원에서 큰 도움을 준 간호사의 모습이 너무 멋있어 보여서 그처럼 가치 있는 일을 하고 싶어서 그래요."

나와 아내는 작은아들의 선택을 적극적으로 공감하고 지지해 주었다. 결과만 놓고 본다면 2012년에 작은아들이 한양대학교에 진학한 것은 그야말로 아빠인 나를 위한 신의 한 수였다. '강연 100도씨'에서는 작은아들이 한양대학교 연극영화과 수석 입학한 것에 관심을 보였고, 그것을 방송에 내보내고자 작은아들에게 출연제의를 했었다. 하지만 작은아들은 끝까지 출연을 고사했고, 그 덕분(?)에 방송출연 기회가 나에게로 온 것이고, 나는 방송 출연 이후 강사로서 이전과 전혀 다른 삶을 살고 있다.

그러고 보니 인생이 다 그런 것이 아닌가 싶다. 인생은 수많은 시행착오를 거치며 자신에게 맞는 자리로 찾아간다. 세상은 완벽하다고 좋은 것이 아니다. 적당한 약점이 있어도 그것을 어떻게 받아들이고 사느냐가 중요하다.

그동안 여러 방송에 출연하면서 적당한 약점이 있으면서 사람 냄새 풍기는 사람을 좋아한다는 것을 실감했다.

예를 들면 이런 식이다. 나는 방송에 출연할 때마다 카메라 앞에서 수많은 모의고사를 치렀다. 그런데 EBS '어느 아빠의 교과서', EBS '생활의 비법', MBC '에듀 콘서트', MBN '최불암의 이야기 숲 어울림' 등에서 올백을 받았을 때는 시험을 보는 장면이 방송되지 않았다. 그런데 SBS '생활의 달인'에서 한 문제를 틀렸는데, 그것이 방송에 나가면서 오히려 더 큰 이슈를 불러일으켰다.

"아빠, 그러고 보니 아빠는 재수가 없을 때 올백을 맞고, 운이 좋을 때 하나를 틀린 것 같아요."

어느 날 큰아들이 말했다. 나는 큰아들의 말을 들으며 이제 다 컸다는 생각을 했다. 어쩌면 처음에 방송 출연을 그렇게 거부하던 큰아들이 마음을 열기 시작한 이유도, 인생의 이러한 이치를 스스로 느끼고 깨달은 것이 있었기 때문이 아닌가 싶다.


## 내 공부법이 에밍하우스의 법칙이라고?

"공부를 잘하려면 어떻게 하는 게 좋을까요?"

SBS '생활의 달인'에 공부의 달인으로 방송을 타고 나서 많은 분들이 묻는 질문이었다. 이런 질문에 딱 한 마디로 답하기는 매우 어렵다. 무엇보다 공부하겠다는 절실함이 필요하고, 꼭 이루고 말겠다는 각오와 밤낮으로 공부만 생각하고 공부를 파고드는 노력이 필요하다.

그러고 보니 너무 뻔한 말이 아니던가? 사실 공부 잘하는 방법은

살아온 기적 살아갈 날들을 위한 용기

누구나 아는 너무 뻔한 곳에 있다. 중요한 것은 어떻게 실천하느냐인 것이다. 실제로 이렇게 대답하면 말하는 나나 질문한 사람이나 좀 허망하다는 생각이 들곤 한다. 그래서 어느 순간부터 이렇게 허망한 말은 하지 않기로 했다. 적어도 질문한 사람의 성의를 생각해서 당장 구체적으로 공부할 때 써먹을 수 있는 비법을 하나로 정해서 말하는 것이 실질적인 도움이 된다고 생각했기 때문이다.

그래서 그다음부터 나는 누군가가 공부 잘하는 방법이 뭐냐고 물으면 질문한 그가 당장 실천할 수 있는 것을 하나로 요약해서 들려주곤 했다.

"굳이 한 마디로 정리하자면 저는 공부란 곧 정리라고 봅니다. 정리 하나만 잘해도 공부를 잘하는 길에 들어설 수 있다고 봅니다."

나는 어디에서 공부법을 별도로 배운 적이 없다. 아내가 손가락이 굽어가도록 써준 글자를 배우고 익힐 때마다 반드시 정리를 해가며 주기적으로 암기학습을 했다.

이렇게 정리하는 습관은 물류센터에서 일할 때 얻은 영감이었다. 나는 물류센터의 정리정돈이 잘 된 시스템에 정말 감탄했다. 수많은 물건이 있는데, 분류가 잘 되어 있으니까 주문이 들어오면 바로 어디 몇 번째 열에 가서 그 물건을 가져오라는 지시를 받으면 금방 찾아 쓸 수 있었다.

그때 나는 공부야말로 이와 같다고 생각했다. 정리정돈을 잘하는 것이 공부의 기본이라고 생각하고 그대로 실천에 옮긴 것이다.

나중에 공부하는 과정에서 정약용 선생의 공부법을 배웠다. 그는 그야말로 정리정돈의 대명사로 학문의 경지를 최고의 수준으로 높인 분이었다. 그는 당시에 임금인 정조가 숙제를 내주면 다른 신하들은 밤새워 자료를 찾기 시작할 때, 정리정돈이 잘 되어 있는 서재에서 바로 그 자료를 찾아 씀으로써 남들보다 훨씬 빨리 일처리를 마치곤 했다고 한다. 그가 귀양지에서 수많은 저서를 쓸 수 있었던 것도 정리정돈으로 다져놓은 자료가 있었기 때문에 가능했던 것이라고 했다.

그때부터 나는 확신을 갖고 공부는 정리정돈이라고 했다. 공부를 하려면 먼저 언제든지 꺼내 쓸 수 있는 정리정돈된 체계를 만들라고 했다.

정리정돈을 잘하면 꼭 필요할 때 쉽게 공부할 내용을 뽑아 쓸 수 있는 장점만 있는 게 아니다. 암기를 할 때 무조건 외우는 것이 아니라 주기적으로 외울 수 있어 그만큼 암기 효과도 뛰어나다는 것을 알았다. 나 역시 그렇게 공부했고, 아이들에게도 그렇게 암기하는 법을 가르쳤다.

물론 나는 나만의 공부법이 절대적이라고 생각하지 않는다. 사람

살아온 기적 살아갈 날들을 위한 용기

은 누구나 자신에게 맞는 공부법이 있다고 보기 때문에 모든 사람이 나 같은 방법을 써야만 한다고 주장하고 싶지는 않다. 실제로 공부해 본 사람은 안다. 아무리 열심히 공부를 해도 자기만의 방법을 찾지 않으면 뻔히 아는 문제도 실수로 틀리는 경우가 많다. 하지만 자신만의 방법을 스스로 찾으면 웬만한 문제는 다 맞힐 수 있다. 내가 그래왔고, 내 아들들이 그랬듯이 이것만큼은 분명하다.

내가 스스로 공부하면서 터득한 학습법은 나의 경험을 바탕으로 나만의 사고와 논리로 정리해서 두뇌에 저장하는 것이었다. 그리고 그것을 오래 기억하기 위해 주기적으로 암기를 했다. 그런 다음 나 자신의 언어로 스스로를 설득할 수 있을 때까지 무한 반복을 한 것이다.

그래서 비록 난독증으로 인한 중졸의 학력이었어도 수능 모의고사 올백의 성적을 올릴 수 있었고, 더 나아가 게임중독으로 고등학교에 진학하지 못한 두 아들에게 수능공부를 가르쳐서 서울대학교에 진학시킬 수 있었다.

그런데 강의를 하면서 좀 더 객관적인 근거를 제시하기 위해 자료를 검색하던 중에 '에밍하우스의 법칙'이라는 공부법을 만났다. 독일의 심리학자 에밍하우스가 실험을 통해 사람은 뭔가를 배운 후 20분이 지나면 42%를 망각하고, 1시간이 지나면 56%, 9시간이 지나면 64%, 6일이 지나면 75%, 1개월이 지나면 80%를 잊어버린다는 사실을 알았다고 한다. 그리고 이를 바탕으로 배운 것을 10분 후에 복습

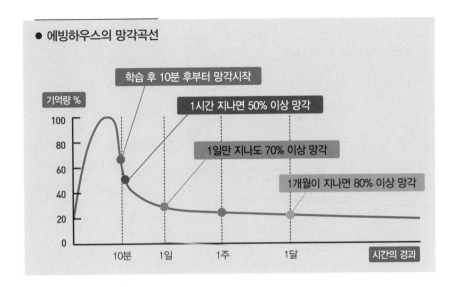

● 에빙하우스의 망각곡선

기억량 %

학습 후 10분 후부터 망각시작

1시간 지나면 50% 이상 망각

1일만 지나도 70% 이상 망각

1개월이 지나면 80% 이상 망각

100
80
60
40
20
0

10분    1일    1주    1달    시간의 경과

하면 1일 동안 기억되고, 1일 후 복습하면 1주일, 1주일 후 복습하면 1개월, 1개월 후 복습하면 6개월 이상 기억하게 된다는 결론을 내렸다.

나는 '에밍하우스의 법칙'을 접하고 온몸의 전율을 느꼈다. 그동안 내가 스스로 터득한 공부법이 바로 이와 가까웠기 때문이다. 공부를 할 때는 무작정 외운다고 오래 기억하는 것이 아니라 하루, 일주일, 보름 간격으로 공부하는 것이 가장 효과적이라는 말이 실감 있게 다가왔다.

우리는 공부할 때 여러 과목을 해야 한다. 그 많은 과목을 주기에 맞춰 공부해 나가려면 무엇보다 정리가 잘 되어 있어야 한다. 그래야 각 과목별, 단원별에 맞는 공부를 주기적으로 해나갈 수 있기 때문이다.

그동안 나도 모르게 해온 공부법이 에밍하우스의 법칙에 맞게 이루어졌다는 것이 그저 신기할 뿐이다. 그래서 나는 더욱 확신을 갖고 공부를 잘하는 비법이 뭐냐고 묻는다면 이렇게 답하고 있다.

"공부를 잘하려면 정리를 잘해야 합니다."

## 요즘 내가 몰입하고 있는 것은?

나는 공부를 시작하면서 공부에 모든 것을 걸었다. 난독증 때문에 하지 못했던 공부를 뒤늦게 시작한 만큼, 그것도 아내의 도움으로 시작한 만큼 결코 게을리할 수 없었다. 그래서 아내가 써준 글을 읽고 외우기 위해 일할 때나 쉴 때, 길을 걸을 때나 다리 밑에서 숙식을 할 때도 오로지 공부에만 매달렸다.

그러다 보니 정말 아찔한 순간이 많았다. 어찌 보면 이렇게 살아 있는 것 자체가 기적에 가깝다는 생각이 들 정도로 아찔한 에피소드도 많았다.

어느 날 아내가 써준 노트를 읽고 또 읽으며 길을 가다가 앞을 보지 못해 계단에서 굴러 떨어졌다. 순간적으로 정신을 잃고 병원에 실려 갔다. 온몸이 피투성이였는데 내 손에는 공부하는 노트가 꼭 쥐어져 있었다고 한다. 그만큼 나는 간절하게 공부에 매달렸다.

또 어느 날은 오르막길을 오르다 자전거를 타고 내려오는 모녀와 부딪친 사건이 있었다. 나는 그들을 미처 보지 못했고, 그들은 내리막길에서 자전거를 제어하지 못해 그대로 들이받은 것이다. 나는 순간적으로 아랫배에 정면으로 부딪친 자전거와 함께 붕 떴다가 바닥으로 그대로 떨어졌다. 한동안 일어서지 못하다가 겨우 정신을 차리고 일어났는데 배꼽 아래 부분에 견딜 수 없는 통증이 몰려왔다. 지금도 그렇지만 그때도 위장이 아주 안 좋아서 조금만 먹어도 설사를 하던 때였다. 그런데 또 충격이 가해졌으니 그 통증은 무엇에도 비할 수 없었다. 자리에서 일어나기는 했지만 너무 아파서 허리춤에 손을 넣고 잠시 숨을 들이쉬었다. 그러니까 사고를 친 모녀는 내가 급소인 성기에 부딪쳐 괴로워하는 줄 안 모양이었다. 내가 배를 만지면서 급소에는 이상이 없다는 반응을 보였더니 딸이 큰소리로 외쳤다.

"엄마, 터지지는 않았대요!"

나와 딸의 엄마는 그 말의 뜻이 무엇인지 알고 쑥스러워 얼굴을 붉혔던 기억이 새롭다. 자칫하면 큰 사고로 이어질 수 있었던 순간이었다.

또 한 번은 노트에 몰입하며 길을 걷다가 인도에 세워 놓은 간판에 부딪쳐 쓰러진 적도 있었다. 그대로 넘어져서 다리를 크게 다쳤다. 하지만 아무리 아파도 일은 쉴 수가 없었다. 하루라도 일하지 않으면 돈을 벌 수 없으니 아픈 몸을 이끌고 일을 나가야 했다.

　그때는 정말 시간을 낭비할 수 없었다. 막노동으로 돈을 벌기 위해 여기저기 떠돌아다녀야 했다. 그래서 집을 나왔다 돌아가는 시간을 아끼기 위해 일자리가 가까운 다리 밑에서 노숙을 하기도 했다. 그곳에서도 나는 결코 시간을 헛되이 쓰지 않았다. 눅눅한 다리 밑에서도 아내가 써준 글씨를 끊임없이 보고 또 봤다. 내 신경은 오직 공부에만 있었다. 그렇게 3년 가까이 노숙공부를 해왔다.

　하루는 머리와 눈이 너무 아파서 구리에 있는 병원에 입원했다. 그랬더니 너무 신경을 써서 그렇다면서 한동안 일과 공부를 쉬라고 했다. 그렇지 않으면 시력을 잃을 수 있으니 정말 조심해야 한다고 했다. 하지만 나는 공부를 포기할 수가 없었다. 그래서 눈으로 볼 수 없으면 귀로 들으며 공부하기로 했다.

　그때부터 아내는 내가 공부할 내용을 녹음해 주기 시작했다. 나는 아내가 써준 노트를 보는 것에서 아내가 녹음해준 것을 듣는 방식으로 공부법을 바꾼 것이다. 주유소에서 일할 때였는데, 나는 일하면서 수시로 듣기 위해 나에게 맞는 나만의 헤드폰을 특별히 제작해서 듣고 또 들으며 공부를 이어갈 수 있었다.

무엇이든지 간절히 원하면 우주의 기운이 도와준다고 한다. 요즘은 뇌과학이 발달하면서 몰입의 힘이 과학적으로 증명되고 있다. 즉 인간의 뇌에는 보이지 않는 뇌파가 있는데, 무엇이든지 간절히 원하면 뇌파가 작용해서 그것을 끌어들인다는 것이다. 그래서 끝내 그 소원을 이룰 수 있게 해준다고 한다. 그것이 곧 몰입인데 무엇인가 이루고자 하는 뜻을 정했으면 그 목적을 이루기 위해 오로지 그 하나에 전부를 걸어야 한다는 것이다.

이제 나는 수능공부에 대해서만큼은 이룰 것을 다 이루었다. 그래서 지금은 수능공부에서 방향을 바꿔 행복을 추구하는 인생공부에 몰입하고 있다.

어떻게 하면 내 강연을 듣는 이들이 좀 더 행복하게 공부에 몰입할 수 있도록 해줄 수 있을까?

어떻게 하면 지금보다 나은 행복한 삶을 살 수 있도록 해줄 수 있을까?

살아온 기적 살아갈 날들을 위한 용기

# 2부

## 평강공주를 사랑한
## 까막눈이 아빠

나는 앞으로도 영원히
'평강공주를 사랑한 까막눈이 아빠'로 살아갈 것이다.
이 땅의 아빠로서 어떻게 사는 것이
좋은 아빠 역할을 하는 것인지 끊임없이 고민하며,
뜻을 같이 하는 이들과 그 답을 찾기 위해
노력해 나갈 것이다.

평강공주를 사랑한 | 2부
까막눈이 아빠

## 평강공주를 사랑한 까막눈이 아빠

내 인생에서 아내를 빼놓으면 아무 말도 할 것이 없다. 실제로 방송에서도 오늘의 내가 있기까지 아내의 역할에 대해 초점을 맞추었다. 난독증으로 글씨를 읽을 줄 모르는 내게 아내는 내가 읽기 좋게 큰 글씨를 써주고, 세차장이나 공사장에서 볼 때 기름때가 묻지 않고 쉽게 망가지지 않도록 코팅까지 해주었다. 이 부분에 대해서는 내가 죽을 때까지 두고두고 이야기해도 다 마치지 못할 것이다.

　　내 마음을 가장 잘 알아준 것은 MBN에서 방송한 '최불암의 이야기 숲 어울림'이라는 2회 방송이었다. 그때 그 프로그램의 부제가 바로 '44살에 한글 깨친 까막눈 아빠, 평강공주를 사랑한 까막눈 아빠'였다. 제목에서 느껴지듯이 이 프로그램은 난독증을 극복하게 만든 아내의 역할에 대해 집중적으로 다룬 방송이었다.

나는 이 프로그램이 너무 좋았다. 혹자들은 아내 자랑에 헤벌쭉 입 벌어진 팔불출 남편이라고 할지 모르지만 이 프로그램의 제목만큼 우리 부부 사이를 정확하게 표현해준 것도 없다고 생각했다. 실제로 평강공주가 없었으면 온달장군이 있을 수 없었듯이, 아내가 없었으면 두 아들의 아빠 노태권도 없었을 것이기 때문이다.

"그래, 평강공주를 사랑하니까 좋은 점이 뭐였나요?"

최불암 선생은 아내와 나에게 얽힌 사연을 듣고 이렇게 물었다. 나는 그 순간 이 질문이 내 대답을 듣기 위한 것이라고 생각하지 않았다. 이미 50분의 방송 분량을 뽑기 위해 서너 시간 동안 촬영하면서 수없이 한 말이 있기 때문이다. 그때 나는 한 마디의 대답보다 아내가 내게 베풀었던 사랑 이야기를 들려주었다.

아내는 난독증 때문에 까막눈으로 살아온 내가 공부하면서 문제를 풀 때 다 틀리고 하나만 맞혔어도, 며칠 후에 세 문제를 맞혀도, 일곱 문제를 맞혀도 항상 백점이라고 하며 격려를 해주었다.

"왜 백점이라고 하는데?"

살아온 기적 살아갈 날들을 위한 용기

오히려 많은 문제를 틀려 속상한 내가 물으면 아내는 차분한 목소리로 말했다.

"당신 그동안 공부 하나도 하지 않았잖아요. 그런데 한 문제라도 맞혔으니 백점이고, 이제 또 세 문제나 맞혔으니까 백점이 아닌가요? 그러니까 항상 백점이라는 생각으로 열심히 해요."

그렇게 10년이 지나니까 실제로 나는 백점을 받기 시작했다. 아내가 내게 준 가장 소중한 선물이다.

나는 아이들에게 공부를 시킬 때는 아내가 내게 했던 방식을 그대로 써먹었다. 공부는 실력을 기르는 것이지 점수를 따지는 것이 아니라는 아내의 생각에 감동을 받았기 때문이다.


"그래, 평강공주를 사랑하니까 좋은 점이 뭐였나요?"

최불암 선생이 다시 이렇게 묻는다면 나는 이제 이렇게 대답할 것이다.

"아빠다운 아빠로 살게 해줘서 좋았습니다."

최불암 선생의 방송이 끝나고 나는 그 무렵에 막 발간한 〈공부의 힘〉이라는 책을 드리러 갔다. 그때 아빠 이야기를 하다 보니 최불암 선생이 '(사)함께 하는 아버지들'의 고문이신 것을 알았다. 그래서 바로 그 자리에서 세상의 가치 있는 일을 하고 싶다는 생각으로 바로 작은 일이라도 함께 하기로 했다.

나는 앞으로도 영원히 '평강공주를 사랑한 까막눈이 아빠'로 살아갈 것이다.

이 땅의 아빠로서 어떻게 사는 것이 좋은 아빠 역할을 하는 것인지 끊임없이 고민하며, 뜻을 같이 하는 이들과 그 답을 찾기 위해 노력해 나갈 것이다.


## 그때나 지금이나 아내가 없었다면

1980년대 후반부터 그린벨트 일제단속이 시행되었다. 애석하게 나의 농장이 단속대상에 포함되었다. 그래서 토지임대 및 사육장 신축시설, 농장이전 비용이 필요했다. 그때까지 운영자금을 지원해 주신 아버지께서 꿩 사육을 포기하라고 종용하셨다. 그러나 나는 이미 많은 자금을 쏟아 부은 상태였기에 중도에 그만두기에는 너무 아쉬워 부모님 몰래 사채를 끌어다 쓰면서 농장을 옮겼다. 그 당시에 소득대체작물을 찾지 못한 농가들 중심으로 꿩 사육 붐이 일고 있었고, 부산에서 분양할 수 있는 사람은 내가 유일했기 때문이었다.

3개월 후에 또 단속대상이 되었다. 부모님의 반대를 무릅쓰고 나는 또 농장 이전을 감행했다. 그러나 사채 원금과 이자가 감당할 수 없을 정도가 되었다. 당연히 극심한 생활고에 허덕이게 되었다. 부모

살아온 기적 살아갈 날들을 위한 용기

님을 찾아 뵐 면목이 없었다. 몇 개월을 버티다 폐업을 해야 했고, 사채와 농장시설 원상복구 비용을 마련할 길이 없었다. 급기야 법적으로 문제가 커져버렸다. 백방으로 뛰어보았지만 허사였다. 어쩔 수 없이 그 해 새색시가 된 아내에게 빚을 물어 달라는 신랑이 되고 말았다.

1990년대 중반부터 아내가 마련해준 돈을 밑천으로 아파트 내부 장식 사업을 했다. 사업은 순조로웠다. 그래서 아내의 동의 없이 주식투자를 시작했다. 하지만 1997년 외환위기로 주가가 폭락했다. 나는 신용 위기로 몰리면서 전 재산을 날리고 빚만 끌어안게 되었다. 더구나 사업마다 부진해서 빚을 갚지 못해 법적인 책임을 져야 했다.

그 당시에 어머니가 아내에게 "손자들은 내가 키울 테니 살길을 찾아 떠나도 좋다."고 말씀하셨다.

그러자 아내는 어머니에게 말씀드렸다.

"어머니 이 자리에서 죽으라면 당장 죽을 수는 있지만, 어찌 돈 때문에 지아비를 배신할 수 있겠습니까? 여자의 절개는 한 남자가 모든 것을 잃었을 때 드러납니다."

아내가 20여 년 간 근무했던 직장의 명예퇴직금으로 간신히 수습했다. 삽시간에 우리 가족은 끼니 걱정을 해야 하는 절박한 상황으로 내몰렸다.

나는 부모님과 아내를 대할 면목이 없어 양산으로 갔다. 그곳에서 공사장을 떠돌며 날품을 팔았다. 고되고 힘든 생활의 연속이었다. 밤마다 가정을 파탄에 이르게 했다는 죄책감에 시달려야 했다.

그러다 며칠 동안 일도 나가지 않고 여관방에만 틀어박혀 진작 죽었어야 했다며 술만 마셨다. 마치 벌떼의 공격을 받은 곰이 피할 방법을 생각하지 않고 괴로워하며 몸뚱이만 긁어대는 것만 같은 짓이었다.

그러던 중에 아내가 찾아왔다. 그녀는 피골이 상접한 내 모습을 보고 실신을 했다. 가까스로 정신을 수습한 아내는 나에게 마치 고슴도치 가시처럼 들고 일어나는 죄책감 속에만 허우적대다 인생을 망치는 어리석은 일은 없어야 한다고 말했다.

"제가 없어진다 해서 방 안의 촛불이 더 어두워지는 것은 아니지만 당신이 죽으면 우리 가정이 무너집니다."

아내는 이 말을 남기고 바로 내 곁을 떠났다. 그 순간 나는 많이 당황했다. 아내는 내가 농장을 하면서 저지른 잘못을 모두 알고 있기에, 나의 아내로서 늘 부모님께 죄송한 마음을 가지고 있었다. 그러던 중에 이번에 또 부모님에게 걱정을 끼친 행동을 좌시할 수만은 없다고 생각한 모양이다.

'그래, 가정의 대표이사가 부도를 내면 안 되지?'

그 뒤로 정신을 차리고 건강을 회복했다.

## 아내는 내 생애 최고의 선물

결혼은 해도 후회 안 해도 후회한다는 말이 있다. 자신의 이상형인 배우자를 만나기는 하늘의 별 따는 일보다 어렵기 때문이다.

아내를 만난 것은 천운이었다. 1989년 12월, 공사판으로 농협 지점장인 어른이 찾아왔다. 내게 선을 보여줄 사람이 있다고 했다. 마음이 내키지 않았다. 하지만 그분이 막무가내로 채근하는 바람에, 흙투성이와 땀범벅인 작업복 차림으로 맞선을 위해 다방에 들어섰다.

청순하고 눈이 맑은 그녀는 단숨에 내 영혼을 사로잡았다. 하지만 오뚝한 콧날과 꽉 다문 입술에서 자존심도 만만치 않아 보였다. 그녀는 내가 잡아 주지 않으면 영원히 독신으로 살아갈 여성으로 느껴졌다. 나의 강렬한 시선은 그녀의 눈동자를 떠나지 않았다.

"저는 나이가 34세, 학력은 중졸, 직업은 막노동하는 사람입니다. 하지만 그대와 결혼하고 싶습니다."

그녀는 조금도 흐트러짐 없이 한참 내 눈만 쳐다보더니 말했다.

"하루만 시간을 주세요."

다음날 약속 장소로 갔다. 나는 그녀에게 물었다.

"Yes입니까? No입니까?"

그녀는 떨리는 목소리로 간신히 대답했다.

"전 지난밤에 한숨도 못 잤어요."

"왜죠?"

"불안해서요."

"네에?"

"그대가 약속 장소에 나타나지 않으면 어쩌나 하는 생각에……"

그 당시 아내가 나에게 결혼 승낙 조건을 말했다.

"하나는 막노동을 하더라도 막노동 티를 내서는 안 됩니다. 또 하나는 젊을 때는 다 멋지고 아름답습니다. 나이가 들어서도 지금 이상의 모습을 가지려고 노력하세요."


문득 6학년 때 일이 떠올랐다. 아버지가 그 당시로는 꽤 비싼 전축을 사오셔서 말씀하셨다.

"태권아, 이리 온나. 노래 하나 배워보자."

탐 존스의 '딜라일라(Delilah)'였다. 그 노래는 다른 남자와 사귀는 변심한 애인을 향한 복수를 꿈꾸는 내용이 불량하다는 이유로 한때는 금지곡이기도 했다.

나는 이 노래를 정말 좋아했다. 그런데 이럴 수가! 나중에 아내를 만났을 때 아내도 이 노래를 정말 좋아한다는 것을 알았다. 이 노래 덕분에 우리는 할 말이 많았고, 아버지 덕분에 나는 아내와 좀 더 가까워질 수 있었다. 어쩌면 선견지명이 있었던 아버지가 아내와 나를 이어 주기 위해 이 노래를 가르쳐 주셨던 것은 아닌가 생각해 본다.

동갑인 우리 부부는 이듬 해 결혼했다. 아내는 7남매 중 장녀로 태어났지만 어려운 집안 살림으로 대학진학을 포기하고 부산 농협중앙회에 입사하여 20년간 근무한 여성이었다.

아내는 일하면서 대학진학을 하려고 꾸준히 적금을 들고 있었다. 그런데 1990년에 결혼하면서 그렇게 모은 적금 1억 원과 32평 아파트를 가지고 시집을 왔다. 나를 위해서 학업의 꿈과 적금을 동시에 깬 것이다.

여고시절 문학소녀였던 아내는 경주 출신의 문학계 큰 별인 소설가 김동리 선생으로부터 글 쓰는 것도 의미가 있지만, 결혼을 해서 남편 뒷바라지를 잘하라는 당부 말씀을 들었다고 했다.

아내는 결혼 후, 뒤늦은 나이에 공부를 하는 남편을 위해 근 15년 동안 음식점 종업원으로 일하면서 나를 가르치고 뒷바라지를 했다.

그 당시에 오전 11시에 출근해서 일을 마치고 새벽 1시에 집에 돌아와서는 새벽녘까지 나를 가르쳤다. 그리고 쓰기와 읽기에 어려움을 겪고 있던 내가 공부할 모든 수능 교재 내용을 큰 글씨로 노트와 A4용지에 옮겨 적은 뒤 코팅을 해주었다. 또한 가운뎃손가락의 끝마디가 바깥쪽으로 휘어지고 굳은살이 올라와 더 이상 글씨를 쓸 수 없을 때까지 수학의 도표와 그림도 만 장 이상 그려 주었다. 그렇게 6년 동안 공부한 자료를 보면 노트에 기록한 글자가 일천 만 자, A4용지에도 일천 만 자가 넘었다.

그런 아내 덕분에 나는 새 사람으로 태어날 수 있었다.

희미한 인생을 살아온 나 같은 사내를 남편이라고 믿고 살아온 아내에게 늘 고마운 생각이 든다.

가수 태진아의 '동반자'의 노랫말은 내 아내를 노래한 곡 같아 꼭 들려주고 싶다.


당신은 나의 동반자

영원한 나의 동반자

내 생애 최고의 선물

당신과 만남이었어.


## 옷 한 벌을 입더라도

옷은 새 것이 좋다지만 나는 닳아 해지고 빛바랜 옷을 즐겨 입는 단벌 노동자였다. 세련되고 미적 감각이 뛰어난 미래의 아내가 나에게 결혼예복을 사주었다. 나도 그녀에게 답례로 트렌치코트를 선물했다. 생활이 어려워지자 우리 가족은 내 결혼예복과 아내의 코트, 아이들 옷가지 몇 점만 챙겨서 춘천으로 이사했다. 그러다 보니 입고 다닐 마땅한 옷이 없어서 결혼예복을 입고 일하러 다녀야 했다.

"양복 입은 부산 갈매기 노동자!"

동료들은 나를 이렇게 놀렸다.

아내 역시 옷이 없기는 마찬가지여서 결혼예물인 코트를 늘 입고 다녔다. 지금은 웃으며 이야기하지만, 그때를 생각만 해도 눈물이 앞을 가린다.


"아빠, 오늘 제발 오지 마세요!"

큰아들은 초등학교 졸업식에 제발 오지 말라고 했다. 하지만 나는 아이의 바람을 무시하고 후줄근해진 결혼예복을 입고 갔다.

"아빠, 그러기에 오지 말라고 했잖아요!"

아이의 불만은 극에 달했다. 그래서 나는 앞으로 입학식과 졸업식은 물론이고, 일체의 학교 행사에는 참석하지 않겠다며 아이를 달래기 급급했다.


초등학교 시절 단짝이었던 급우가 부산에서 춘천을 찾아왔다. 그 친구는 나의 옷차림을 보고 기겁을 했다.

"겨울에 얼어 죽는다. 따라와!"

친구는 우격다짐으로 나를 할인점에 데려갔다. 그리고 겨울 신상품 점퍼를 사주었다. 옷값을 치르던 동창은 내가 그 가격을 알 수 없도록 계산대 근처에 오지도 못하게 했다.

'적어도 20만 원은 주었을 텐데.'

나는 속으로 생각하며 몸 둘 바를 몰라했다. 그 당시 20만 원이면 정말 큰돈이었다.

그 후로 나는 친구의 우정을 생각하며 그 점퍼를 늘 입고 다녔다. 아니, 어차피 다른 옷이 없어 늘 그 옷을 입을 수밖에 없었다. 그때마다 친구의 우정이 정말 고맙게 다가왔다.


2011년 1월 12일은 큰아들의 대학 논술시험 치르는 날이었다. 전날 아내는 아들과 함께 갈 내가 입을 재킷을 5만 원에 샀다며 입어 보라고 했다. 아내는 너무 비싸다는 것을 알면 내가 그 옷을 입지 않을 것을 염려해서 항상 옷값을 낮추어 말하곤 했다.

"옷이 날개예요. 옷 때문에 기죽으면 안 되니까 괜히 딴 말 말고 제가 사준 대로 입어요."

아내는 내게 늘 이렇게 말했다. 그때마다 나는 아내의 말을 잘 듣는 착한 양이 되곤 했다. 그날도 유명 상표가 떡 붙어 있는데 옷이 고작 5만 원이라니. 나는 어이가 없어서 큰소리를 쳤다.

"이 옷은 다시 가게에 갖다 주고 돈을 받아 오세요."

그러자 아내는 당황하면서 대번에 가격을 2만 원 올려서 7만 원이라고 했다. 그 값은 아내가 가격을 더 올려 부를 수 있는 충분한 여지를 남겨둔 액수였다. 내가 못 믿겠다는 표정을 짓자, 아내는 얼른 또

8만 원이라고 하며, 내게 입히려고 팔을 끌어당겼다.

그때 나는 일거리가 없어서 한 달째 놀고 있었기에 차마 그 옷을 입을 수 없었다. 나는 아내에게 옷가게 위치를 물으면서 그녀가 들고 있는 재킷을 빼앗아 들었다.

그와 동시에 아내는 9만 원이라 말하면서 더 이상 묻지 말고 입어 달라고 단호한 표정을 지어보였다. 하지만 나는 옷을 들고 방으로부터 나왔다. 그러자 아내가 황급히 내 팔을 끌어당기며 또다시 슬그머니 5천 원을 올려 불렀다.

그럼에도 불구하고 나는 아내의 손을 뿌리치고 현관문 쪽으로 갔다. 그런데 요번에는 그녀가 나를 붙잡지 않았다. 이에 약간 머쓱해진 나는 아내의 태도가 궁금해서 고개를 살짝 돌려 그녀의 얼굴을 살펴보니 금방이라도 울음보가 터질 것 같았다. 순간 당황한 나는 아내에게 마음 편하게 입고 다닐 수 있도록, 조금만 더 가격을 올려 말해 달라고 사정했다.

그랬더니 '세일 기간이라 큰마음 먹고 10만 원 주고 샀어요.'라 말하는 아내의 눈에서 눈물이 주르륵 흘러내렸다. '최소한 20만 원은 주었을 텐데.'라고 생각하면서 나는 아내의 변함없는 사랑에 감격해하며 늘 입고 다녔다.


2012년 1월, 작은아들이 EBS 열공 장학생으로 선발되었다. 나도 시상식에 초청을 받았다. 그러나 그 자리에 닳아 해지고 빛이 바래버린 아내가 사준 재킷 차림으로 참석하는 것은 실례가 될 것 같았다. 이미 오래전에 작업복이 된 결혼예복을 입고 갈 수는 더더욱 없는 노릇이었다.

그때 군복무 중인 큰아들이 매달 모은 군봉급으로 양복 세 벌을 사주었다. 기특하고 가상한 마음을 가진 자식 덕분에 나는 EBS 시상식에 양복을 입고 참석할 수 있었다. 그 후로도 이 옷들을 번갈아 입어가면서 여러 방송에 출연했다.

많은 곳에서 방송출연과 강연 제의를 받고 있는 나는 대학에 진학한 아이들로부터 졸업식에 꼭 참석해 달라는 부탁도 미리 받았다. 학교 행사에는 절대 참석하지 말아 달라던 아이들의 절규가 아직도 생생한 것을 보면 그동안 내가 잘못 살아온 것은 아니다 싶어 뿌듯했다.

더 이상 단벌 노동자가 아닌 나는 아내가 사준, 아이들의 대학 합격의 행운을 안겨준 그 재킷을 입고 아이들 졸업식에 갈 예정이다.

## 웃픈 학력, 저는 중졸입니다

나는 학력 때문에 수없이 많은 좌절을 겪었고, 못 배운 설움에 눈물도 참 많이 흘렀다. 최종 학력이 중졸이며 자격증이나 변변한 기술이 없던 나를 받아줄 직장은 없었다.

'학벌이 높으면 실력이 좋다.'

마치 세상에 이런 공식이라도 있는 것만 같았다. 이 공식에 맞춰 나 역시 학벌을 높이려고 여러 번 시도를 해보았지만 번번이 실패를 거듭했다.

그래서 학력에 맞는 여러 직업을 거칠 수밖에 없었다. 막노동, 세차원, 주유원, 배달원 등이 내가 거친 직업들이다. 번개탄 장사. 생선 장사, 소금 장사, 꿩 사육 등도 자영업이라는 이름으로 포장을 해서 많이 겪어 보았다.

이런 내게 친척 한 분이 취업을 알선했다. 그분은 내가 당연히 고등학교는 마쳤을 것이라 생각하고 꽤 규모가 큰 회사를 소개했다. 하지만 나는 일찌감치 서류심사에서 고배를 마셨다. 나중에 그분은 내 사정을 알고 다른 일자리를 소개하면서 고졸로 부풀려 말하라고 편법을 가르쳐 주었다. 하지만 가방끈이 짧아 아는 것이 부족한 내가 아무리 학력을 위조해서 취업한다 한들 업무를 이행할 수 없을 것 같아 아예 취업을 단념해야 했다.

하지만 아내는 학력을 따지지 않았다. 세상에서 유일하게 학력을 보지 않고 나를 선택해준 은인이다. 나보다 많이 배우고 탄탄한 직장을 가진 여성이 그녀를 에워싼 많은 구혼자들을 물리치고 나를 선택한 것이다.

아내가 준 행운은 내 삶을 좋은 방향으로 이끌었다. 주유소에 주유원으로 출근하면서 밤 10시부터 다음날 아침 8시까지 일하기 시작했다. 내 생애 처음으로 고정적인 수입이 보장된 일자리를 얻었다. 나에게 꿈과 희망 그리고 용기를 심어 주었던 SK 주유소에 일하러 갈 때는 발걸음이 가벼워 발바닥이 땅에 닿지 않을 정도였다. 그때 나의 성실함과 정직한 생활이 알려지면서 신문사들과 인터뷰도 했고 여러 TV 방송에도 출연했다. 또한 비록 학력은 없었지만 나의 이야기를 EBS 교육방송에서 '어느 아버지의 교과서'로 제작하여 광고 방송으로 소개했다.

2000년에 부모님은 부산에서 두 동생이 살고 있는 일산 신도시로 이주하셨다. 성격이 차분하고 조용한 아버지는 친구가 거의 없으셨다. 그러나 활달하고 사람들과 어울리기를 좋아하시는 천주교 신자인 어머니는 많은 분들과 교제를 하셨다.

그때 어머니는 교제하는 사람들에게 일류대학 출신인 동생들과 형평성을 맞추기 위해 나도 부산 모 대학 출신이라고 학력을 속여 말하고 다녔다고 한다. 나에게 항상 착하고 정직하게 살아가라고 신신당부하시던 어머니께서.

인문계 고등학교 출신인 아내는 농협중앙회에 입사하여 20여 년을 근무하고 1997년에 명예퇴직을 했다. 험한 일을 해보지도 않은 약간은 가냘픈 몸매의 전형적인 사무직 여성이다. 그러나 집안 살림이 어려워지자 일을 해야 했다. 예전의 직장으로 돌아갈 수 있는 상황이 아니었기에 이곳저곳 일할 만한 곳을 알아보고 있었다. 그런데 갑자기 남편이 공부를 하겠다고 하자 음식점에서 주방일을 하기로 했다고 한다. 그 이유는 주방에서 일하면서 틈틈이 공부를 해서 남편을 가르치기 위해서였다.

그런 아내도 일하는 동료들에게 내 학력을 속여 말한 사실을 알게 되었다. 아내는 동료들에게 '시동생들도 연세대 출신'이라고 말했다는 것이다. 그래서 나도 덩달아 동생들처럼 소위 일류대 출신이 된 것이다. 학창시절 문학소녀였고 나의 중학교 과정을 지도한 아내가 친구들한테 말할 때 '시동생들도'와 '시동생들은'의 '도'와 '은' 정도의 조사 사용법을 모르지는 않았을 텐데, 나의 영원한 평강공주인 아내마저도……

그러고 보니 초등학교에 입학한 자식들이 내게 한 번도 학력을 물어본 적이 없었다. 그 점을 의아스럽게 생각하고 있던 차에 그동안 아내가 모아둔 큰아이의 초등학교 일기장을 우연히 보게 되었다.

'아빠처럼 ○○대학에 가고 싶다.'

그때야 우리 가정에서도 학력위조 사건이 조직적으로 은밀히 일어났었다는 사실을 알게 되었다.

나는 14년간 수능공부를 했지만 여전히 학력은 중졸이다. 자식들의 학비와 가족 생활비를 벌기 위하여 직장을 구하려고 백방으로 뛰어다녔지만 학력 때문에 번번이 좌절을 맛보았다. 그래서 나의 천직인 막노동으로 다시 돌아왔다. 그러나 나는 학력을 속여서 일자리를 얻을 생각은 전혀 없다.

## 이제 그만 쳐다보고 내 옆에 와 자요

나는 대여섯 살 무렵에 코골이 때문에 잠을 이루지 못한 적이 많았다. 단칸방에서 주무시는 아버지께서 술을 드신 날에는 결코 예외가 없었다. 가끔 코를 크게 골다 숨을 멈추고 몇 초간 숨을 쉬지 않더니 갑자기 '컥' 하며 숨을 토해내셨다. 그럴 때마다 나는 안도의 한숨을 내쉬면서도 겁이 났었다. 어떤 날은 아버지가 내 쪽으로 자꾸 다가오셔서 벽 쪽에 몸을 바짝 붙이는 바람에 자기 어려운 경우도 있었다.

그런데 행상을 하시는 어머니도 가쁜 숨을 몰아쉬면서 헉헉거리며 코를 골고 주무셨다. 아버지가 숨을 쉴 때 역겨운 술 냄새가 온 방을 가득 채웠기 때문이라고 생각했다. 그런 밤에는 어김없이 새벽에

살아온 기적 살아갈 날들을 위한 용기

잠깐 잠을 깬 어머니가 아버지를 피해서 어머니 발아래에 쪼그려 자는 나를 발견하곤 했다.

"애야, 더 자라."

어머니는 갓난아이인 동생들을 품고 있는 한 쪽에 내 자리를 마련해서 눕게 해주시곤 했다. 그때야 마음이 놓인 나는 바로 잠에 곯아떨어졌다. 그런데 아침에 일어나면 어머니는 이렇게 말씀하시곤 했다.

"무슨 아이가 그렇게 심하게 코를 고느냐?"

1988년 동생이 대학 시험 치르는 날이었다. 입시 한파를 피해 어머니와 나는 서울 신촌의 한 극장에 들어갔다. 영화가 거의 끝나갈 무렵이었다. 그런데 돌발적인 사태가 발생했다. 장사를 마치고 밤 열차를 타고 올라온 어머니가 의자에 앉자마자 코를 골면서 자기 시작했다. 당황한 나는 어머니의 얼굴을 옆으로 돌리고 뒤로 젖혔지만 이내 어머니는 얼굴을 바로 하고 거침없이 숨을 토해내셨다. 영화가 끝날 때까지 몇 번이나 반복했다. 이윽고 영화가 끝나자 잠에서 깨어난 어머니는 말씀하셨다.

"처음부터 보고 가자."

다시 영사기가 돌아가기 시작했다. 처음의 어머니 코골이는 예고편이었다.


1992년 당숙어른이 추석 전날 돌아가셨다. 그때 어머니와 나는 추석 장사를 마치고 밤늦게 아저씨 댁에 도착했다. 어머니는 빈소에 들렀다 작은 방에 들어가셨다. 갑자기 어디선가 요란하게 코고는 소리가 들렸다. 나는 어머니가 계신 방으로 재빨리 들어갔다. 벽에 기대어 코를 골면서 주무시는 어머니를 모로 뉘였다. 그러나 어머니는 평소 습관대로 천장을 향해 바로 누우셨다. 나는 베개를 높였다 낮추었다를 몇 번이나 반복했다.

재종 형수들이 추석 대목 장사로 피곤해서 그렇다며 문상 온 사람들에게 어머니를 변호해 주었다. 그러자 조문객들이 얼마나 피곤했으면 상가에 와서 코를 골며 자겠는가 하며 오히려 어머니를 측은하게 여기는 것 같았다. 그리고 새벽에 잠에서 깨어난 어머니는 "아범아, 더 자자."고 하셨다. 그 순간부터 본격적인 어머니의 코골이가 시작되었다.

어머니는 장사를 그만두시고도 2~3년 동안 코를 골면서 주무셨다.

코골이와 관련된 이야기는 여기서 끝이 아니다. 항상 내 곁에서 맑은 바람처럼 평온한 숨소리를 내며 자던 아내가 2000년부터 음식점 종업원으로 일을 나가면서 코를 골기 시작했다. 시어머니의 코골이를 며느리가 이어받은 것이다.

자식들을 지도하느라 생업에 종사할 수 없었던 나는 아내의 거친 숨소리에 무척이나 당혹스럽고 미안했다. 아내의 얼굴을 옆으로 돌

살아온 기적 살아갈 날들을 위한 용기

려 뉘여도 아내는 잠결 속에서도 평소 습관대로 얼굴을 똑바로 했다. 그래서 베개를 낮추었다 높였다 해보았다. 그러나 소용이 없었다.

아내는 새벽까지 공부하는 내 모습을 보고 자는 것이 좋다며 불 켜진 내 곁에서 항상 잤다. 물론 아내가 따로 쉴 방도 없었다.

그때 나는 아내의 코고는 소리가 들리지 않으면 내가 졸았기 때문이라고 생각하며 먼동이 틀 무렵까지 이를 악물고 공부했다. 아내는 잠결에 내가 책 보는 모습을 보고 여러 번 중얼거렸다.

"이제 그만 쳐다보고 내 옆에 와 자요."


군 복무중인 큰아들의 면회를 갔다 돌아오며 춘천행 고속버스를 탔다. 아내는 좌석에 앉자마자 크게 코를 골기 시작했다. 나는 고개를 뒤로 젖혔다 앞으로 숙였다, 얼굴을 좌우로 돌리기를 여러 번 반복했다. 그러나 역시 소용이 없었다. 그래서 손님의 양해를 얻어 맨 뒷자리로 가기로 했다. 나는 아내를 살며시 흔들어 깨웠다. 그러자 아내가 잠결에 중얼거렸다.

"이제 그만 쳐다보고 내 옆에 와 자요."

흘끔흘끔 쳐다보던 사람들이 멈칫했다. 곧이어 맨 뒤 좌석으로 옮겨 앉은 아내는 본격적인 코골이를 시작했다.


내가 과로로 병원에 입원했을 때다. 나는 철재의자에 앉아서, 밤

늦게 일을 마치고 병실을 찾은 아내는 침대에 누워서 코를 골며 잤었다. 이런 우리 부부의 모습을 보고 병실 환자들과 가족들이 고개를 갸웃거렸다. 퇴원하는 날 간호사가 다가왔다.

"이제 그만 쳐다보고 내 옆에 와 자요."

간호사는 그동안 수없이 들었던 아내의 잠꼬대를 들려주면서 빙그레 웃었다. 나는 무슨 뜻인 줄 알기에 웃음으로 받아 주었다. 아내는 그동안 무능한 남편을 뒷바라지하느라 밤에도 편히 쉬지 못했다.

요즘에는 더 심하게 코를 고는 아내가 밤새워 수필 공부를 하는 내게 잠결에 중얼거린다.

"이제 그만 쓰고 내 옆에 와 자요."


다음에 돈이 좀 생기면 푹신푹신한 침대를 사야지.



## 걸으면서 꽃피운 사랑 이야기

주례를 맡은 주례사가 우리 부부에게 서로 힘들고 어려운 고비를 만나면 남편은 아내를 업어 주고 아내는 남편의 팔을 잡아 줌으로써 아름다운 추억을 만들며 살아갈 것을 당부했었다.

신혼 초부터 아내는 두주불사의 주량을 자랑하는 나에게 등산을 강력하게 권했다. 그래서 매일 아침 5시경에 산에 올랐다가 7시경에 집으로 돌아왔다. 그리고 출근하는 아내와 아침식사를 했다.

하루는 전날 과음한 탓으로 새벽에 겨우 일어나 등산을 했다. 금정산 입구에 설치된 배트민트 경기장 탈의실에 들어가 한숨 잤다. 저녁에 퇴근해서 귀가한 아내가 같은 아파트에 사는 직장 남자 동료가 아내에게 했던 말을 들려주었다.

"새댁 아씨여, 새신랑에게 너무 무리하게 운동 시키지 마세요."

그날 이 말뜻을 이해하지 못했다. 며칠 후, 간밤에 술을 마신 나는 산을 오르다 말고 또 탈의실 옷장에 기대어 잤다. 배트민트 운동을 끝낸 아내의 은행 남자 동료가 코를 골면서 자는 나를 흔들어 깨우며 야릇한 미소를 띠며 한마디 던졌다.

"새신랑이여, 너무 무리하게 운동하지 마세요."

나는 저녁 식사를 마치고 아내에게 새벽 운동 시간에 있었던 일을 고백했다. 그러자 아내는 가만히 생각에 잠기더니 다소곳이 이마를 숙인 채로 노랑 회장저고리에 달린 자주색 고름만 만지작거렸다.

그다음부터 아내와 나는 나란히 길을 따라 걷기로 약속했다. 유럽의 웅장한 성을 연상시키는 독특한 가게가 즐비하게 들어선 해운대 달맞이 길과 울창한 숲과 기암괴석으로 된 해식 절벽 및 푸른 바다 등이 조화를 이룬 태종대 순환도로를 걸으며 추억을 쌓아갔다.

결혼 직후 양산 무지개 폭포에 20리를 걸어서 신혼나들이를 갔던 적이 있었다. 이른 봄이지만 군데군데 솔 향을 품어 안은 산기슭에서 초록의 향기가 뿜어 나왔다. 연분홍 철쭉꽃이 봄의 정취를 듬뿍 안겨 주었다. 저 멀리서 하늘거리며 살포시 내려앉는 실비단 같은 물줄기가 우리 신혼부부를 반겨 주었다.

봄 낭만을 만끽하려는 행락객으로 북적거리는 들판을 가로질러갔다. 평소 같으면 한 뼘도 되지 않을 고랑이 간밤에 내린 단비로 쪼그마한 도랑이 되어 수정 같은 맑은 물을 품고 있었다. 그런데 그 물줄기가 직선과 곡선이 어우러져 화려하고도 단아한 자태를 풍기는 노란치마에 자주색 저고리를 받쳐 입은 새색시가 건너기에는 넓어 보였다. 그래서 구두와 양말을 벗었다. 그리고 나비 같은 색시를 살짝 업고 그 물을 건넜다. 그러는 동안 숨죽이며 지켜보던 선남선녀들이 일제히 환호성을 지르며 기립박수를 보냈다. 이에 약간 머쓱해진 나는 주위가 잠잠해지기를 기다렸다가 아내를 풀밭에 살포시 내려놓았다. 그러자 아내가 소매부리에 숨겨둔 빨간 손수건을 살며시 꺼내 내 발의 물기를 가만히 훔치는 것이 아닌가. 또 한 번의 환호와 갈채가 들판에 울려 퍼져나갔다.

사업에 실패하고 춘천으로 이사했을 때도 그랬다. 우리는 꿈과 낭만을 안겨 주는 도시 춘천의 호숫가에 피어나는 물안개와 비가 내린 뒤에 촉촉하게 젖어드는 도시의 매력에 빠져들었다. 소양강은 약으

살아온 기적 살아갈 날들을 위한 용기

로 못 고치는 바보에게 삶을 사랑하고, 현재에 충실하며, 보다 나은 미래를 꿈꾸는 법을 가르쳐 주었다.

라퓨타는 걸리버 여행기에 등장하는 나라다. 주민들은 지식층으로 수학, 천문학, 음악, 과학에 큰 흥미가 있었다. 나머지는 이들의 하인들로 이루어져 있다. 특히 과학자들은 시간과 장소에 구애받지 않고 공상에 빠지는 것을 즐겼다. 그러다 사색에 잠긴 그들은 길을 걷다가 돌부리에 걸려 넘어져 다치거나 심지어는 낭떠러지에 떨어져 목숨을 잃기도 했다. 그래서 외출하는 그들과 함께 걸으며 주의를 환기시켜 주는 직업인이 필요했다.

나도 아주 특별한 전문가의 도움을 받았다. 10년 이상 사색에 잠겨서 걷는 습관이 나도 모르게 소양강변을 거닐면서 책을 보는 습관으로 발전시켜 주었다. 그런 재미에 푹 빠져 비가 오나, 눈이 오나 하루도 거르지 않고 그 길을 걸었다.

그러다 공부 생각을 했고, 그때부터 그 길을 공부방으로 삼았다. 걸어 다니며 공부하느라 넘어져 종종 부상을 입는 불상사도 있었다. 그러자 성혼선언문을 떠올린 아내가 책갈피 속에 빠져 걷는 나를 위해 책가방을 짊어지고 다니며 보디가드 역할을 해주었다.

2007년부터는 온 가족이 걸었다. 그 길이 두 아들의 아토피 피부염을 씻어 주었고 게임중독에서 빠져나오게 해주었다.

두 아들의 수능지도를 하면서 낮에 시간을 가질 수 없어 다시 새벽에 운동을 하기 시작했다. 그날 가르칠 학습내용을 익히고 검토하고 정리를 마치면 새벽 4시가 되었다. 그러면 나는 횡단보도가 없는 길로 운동을 나갔다. 그 길을 따라 발목이 잠길 듯 말 듯한 안개 속의 길을 사색에 잠겨 걸었다. 그러면 잠자리에서 일어나 아파트 입구에까지 마중을 나온 아내가 몰입에 빠져 3바퀴를 빙빙 돈 나를, 다정히 옆구리를 끼고 집으로 데려갔다. 그 후 나는 자연스럽게 아내에게 팔짱을 끼인 채로 잠자리에 누워 스르르 잠으로 빠져들었다.

## 아직 정신을 못 차렸군

중학교 때 정월대보름에 큰집에 갔다. 누룩을 이용한 술 빚기 인간문화재감인 큰어머니께서 귀가 밝아질 뿐 아니라 1년 동안 좋은 소식만 듣는다 하시면서 귀밝이술을 내놓으셨다. 어른들이 먼저 드시고 나와 사촌들도 한 종지씩 마셨다. 그때는 군청 밀주단속 반원들이 마을을 돌아다니며 쇠꼬챙이로 짚단 속을 쑤셔보며 밀주를 찾던 때였다.

1978년부터 쌀을 원료로 한 막걸리가 시판되었다. 드디어 동동주*가 대중화 시대를 연 것이다. 그 무렵 나도 쌀막걸리에 서서히 길들여지고 있었다.

공사판에서는 하루에 두 번 새참으로 쌀막걸리가 나왔다. 독한 소주를 싫어하는 나는 입 안에 남아 감도는 달짝지근한 맛을 잊지 못하고 늘 동동주를 찾는다.


우리 부부는 제주도로 3박4일 신혼여행을 갔다. 단체여행 3일째는 저녁에 제주도 전통 민속촌엘 들렀다. 저녁식사로 정식과 함께 동동주가 나왔다. 제주에서 풍기는 이국적인 분위기와 새색시, 그리고 막걸리로 남국의 밤은 깊어만 갔다.

그런데 다음날 눈을 떴을 때 시침이 12를 지나 있었다. 호텔방에 어떻게 언제 들어왔는지 생각이 나지 않았다. 관광버스는 마지막 날 아침에 나머지 신혼부부를 싣고 떠난 지 오래였다.

난처한 입장에 처한 나는 새색시를 살살 구슬려서 성당에 데려갔다. 그녀는 성모마리아 앞에서 열심히 기도했다. 아마도 그때 '이 허랑한 남편을 굽어 살펴 주소서.'라 속으로 빌었지 않았을까. 그리고 나도 나대로 성모마리아에게 '이 근처에 동동주 파는 집이 어디 있습

---

* 동동주는 부의주 혹은 짚가리 술이라는 별칭을 가지고 있다. 부의주(浮蟻酒)는 술 표면에 삭은 밥알이 둥둥 떠 있는 것이 마치 개미가 떠 있는 것 같다 해서 붙여진 이름이다. 또한 짚가리 술은 예전에 집에서 술 빚는 것을 단속했던 시절 술을 감춰 놓는 방법으로 짚가리를 덮어 위장한 데서 유래했다고 한다.

니까.'라 간절히 여쭈었다. 그리고 성당을 나와 식당에 점심 식사하러 들어갔다. 나는 색시를 어르고 달래서 식사를 하며 기어코 동동주 한 병을 마셨다. 해장술로는 안성맞춤이었다.

그날 저녁에 경주 처가에 도착했다. 새신랑을 맞이하는 법도가 예사롭지 않았다. 일가친척이 총출동했는지 방마다 사람들로 꽉 찼다. 그리고 큰방에는 산해진미가 기다리고 있었다. 커다란 항아리가 자개상 옆에 놓여 있었다. 큰 처남이 막걸리는 '한 잔'이 아니라 '한 대접'으로 마셔야 제격이라며 큰 사발에 따라 주었다. 어렸을 때 큰어머니가 주셨던 귀밝이술과 맛이 같았다. 처남들이 편하게 자시라며 바지를 트레이닝복으로 갈아입게 했다. 나는 처가 친척들이 따라 주는 족족 받아 마셨다.

잠을 깨니 새벽 6시였다. 초등학생이라며 자기를 소개한 처제의 술잔을 받은 기억은 나는데, 그 이후는 가물가물했다. 꽤 많이 마신 것 같은데도 머리가 산뜻하고 가벼웠다. 인간문화재 수준인 처남댁 술을 맛볼 수 있어서 감사하다는 생각을 했다.

화장실을 다녀오면서 불이 켜진 큰 방 앞을 지나갔다. 방안에서 나누는 이야기소리가 새어나왔다. 이른 시각에 대책회의를 하는 처가의 고풍스러운 가풍에 존경을 넘어 감격했다. 앞으로 처가에 들르면 이러한 회합에 참석해야 할 것 같아 미리 모임절차 정도는 알아 두면 좋을 것 같아 살며시 문을 열고 회담실로 들어갔다.

내 색시와 처남 부부 3쌍이 심각한 표정을 짓고 있었다. 잠시 후, 색시가 나를 슬며시 신방으로 데리고 갔다. 내가 사고를 치고 말았구나. 지금 이 시각은 부산 집으로 떠날 어제 새벽이 아니라 이미 해가 떠서 지고 달이 자취를 감춘 그다음 날 새벽이었다.

부랴부랴 첫 고속버스를 타고 새색시와 처남부부들을 대동하고 부모님 댁에 도착했다. 그리고 아버지에게 사실대로 그동안의 경과보고를 드렸다. 아버지는 아버지대로 처가식구들은 처가식구들대로 서로서로 죄송하다고 여러 번 사과를 주고받았다. 아버지 심기를 불편하게 했으니 그날 나는 새색시 뒤꽁무니만 졸졸 따라다녔다.

저녁에 아버지 친구분들이 오셨다. 아버지는 그분들에게 일정 차질에 대한 해명을 완전한 거짓으로 말씀하셨다.

"노래도 잘 부르고 술도 잘 마시는 새 신랑을 처가 일족이 당최 놓아 주질 않았다더군."

그러자 아버지 친구분들이 잘했다며 처가에서 가져온 그 동동주를 한 잔 받으라 하셨다. 나는 얼른 상 옆에 있는 큰 사발을 들이밀었다. 그리고 벌컥벌컥 단숨에 삼켜버렸다. 그때 아버지가 하시는 말씀.

"아직 저 놈이 정신을 못 차렸군."

## 지옥이란 여자가 누구냐고?

약주를 좋아하시는 아버지는 종종 집에 들어오지 않으셨다. 늦은 시각까지 술을 드시느라 집으로 오는 마지막 시내버스를 놓치기 일쑤였다.

내가 중학교에 들어갔을 때였다. 병원 원무과에 근무하시는 아버지가 일주일이나 집에 돌아오시지 않았다. 어머니는 내게 병원에 가서 왜 그런지 알아보라고 했다. 나는 나름대로 병원관계자도 만나보고 아버지를 미행해서 동정을 살펴보았다. 그런데 아버지는 병원 맞은편 밥집에서 약주를 드시고 매일 밤마다 숙직실에서 주무셨다. 집에 돌아오지 않는 것은 오로지 술 때문이었다.

유전일까? 나도 술 때문에 아내의 속을 무던히 썩였다. 제주도 신혼여행 갔을 때는 신방을 차려보지도 못했다. 양산에 막노동하러 가서는 술을 다 퍼마시고 겨우 남은 30만 원을 들고 3개월 만에 집에 돌아왔다. 술은 술집에서 먹었는데 잠은 파출소에서 자고 나오곤 했다.

아이들이 태어나자 은행에 출근하는 아내 대신 내가 애들을 돌보게 되었다. 하루는 초등학교 1학년인 큰아들이 학교에서 울면서 집으로 돌아왔다. 왜 그런지 물었더니 아이들이 자기를 동동주라 부르며 놀려대는 바람에 화가 나서 그렇다고 했다. 이름이 노동주이니까 아이들이 이름을 갖고 놀린다는 것이었다.

　나는 아이의 기분을 풀어 주기 위해 슈퍼에 들러 과자를 사주고, 그동안 자숙하느라 마시지 못한 동동주를 몇 병 샀다. 그렇게 오랜만에 마신 술이 술을 부르고, 노래를 불렀다.

　다음날 아침이 되자 지난밤이 가물가물했다. 퇴근해서 막 집으로 들어오는 아내를 졸라 한 병을 더 사오게 해서 마신 것은 기억이 났다. 아이들이 자기들끼리 속닥거리며 킥킥 웃는다. 자식들 앞에서 무슨 망신이람. 제발, 별일 없었기를 간절히 기원했다. 아내가 꿀물을 가져와서 내 머리맡에 놓는다. 그리고 빙그레 웃으며 말했다.

　"그렇게 애타게 불러대는 자옥이라는 여자는 대체 누구예요?"


　2007년 추석 저녁이었다. 일을 마치고 집에 들어오니 아내가 밥상을 차려놓고 기다리고 있었다. 아이들은 추석을 쇠러 할아버지 댁에 보냈다고 했다. 춘천에 이사 온 이후 처음 있는 일이었다. 맞벌이하느라 일정이 맞지 않아 명절을 한 번도 같이 보내지 못했다.

　아내가 식탁으로 안내했다. 원탁에는 송편, 굴깐풍, 토란탕, 토란닭찜, 화양적, 밤초, 배숙, 버섯산적 등 계절에 많이 나는 식품을 소재로 한 음식이 함초롬히 놓여 있었다. 양 볼에 옅은 홍조를 띤 채 아내가 송편 하나를 나의 입에 쏘옥 넣어 주었다. 연한 솔잎 향과 쫄깃쫄깃한 맵쌀 맛이 속 재료와 어울려 감칠맛을 냈다. 입안에 살살 녹

아들었다.

신혼시절에 장만한 핑크색 앞치마를 두른 아내가 냉장고에서 동동주를 꺼내왔다. 신혼 사발에 가득 따랐다. 시큼하고 텁텁한 맛이 기막혔다. 10년 만이다. 마주하고 있는 아내가 천사로 보였다. 그렇게 몇 잔을 마셨는지 모른다. 아내가 연신 술잔을 권했다.

그리고 새벽 무렵에 눈을 떴다. 이런, 알몸이다. 또 간밤에도 실수를 한 것인가? 가까스로 정신을 수습하여 방안을 살폈다. 그런데 아내가 행복에 가득 찬 얼굴로 내 옆에 잠들어 있는 게 아닌가? 더도 말고 덜도 말고 늘 가윗날만 같아라. 나는 내심 쾌재를 불렀다.

## 지금 불륜의 현장을 들켰습니다

춘천 상상마당에 갔을 때의 일이다. 둘째의 수능이 끝난 다음날 행사가 있어 아내와 함께 갔는데, 행사장에서 발간된 지 얼마 안 되는 내 책 〈공부의 힘〉 10권을 증정한다는 소리를 들었다.

그러고 보니 춘천에 온 14년 동안 우리 부부가 정장을 차려 입고 외출한 것은 처음이었다. 마침 행사장에서 나도 모르게 내 책을 증정한다는 소리를 들으니까 기분이 묘해서 한번 가보자고 했다. 둘이 손을 잡고 걸어가는데 뒤에서 부르는 소리가 들렸다.

살아온 기적 살아갈 날들을 위한 용기

"두 분 잠깐만 저를 보고 서 주실 수 있나요?"

그 사람은 손 잡고 걷는 우리 부부의 모습이 아름다워 사진으로 찍어 드리고 싶다고 했다. 전혀 모르는 사람이 그러니까 기분이 묘했지만 손해 볼 것이 없어서 알았다고 폼을 잡아 주었다.

이렇게 저렇게 사진 몇 장을 찍은 그 사람이 먼저 나를 보고 말했다.

"사장님, 이제 마음의 준비하세요. 이 사진 집에 계신 사모님께 보내드릴 거예요."

그리고 이번에는 집사람을 보고 말했다.

"사모님도 마찬가지예요. 이 사진 집에 계신 사장님께 보내 드리겠습니다. 저는 오늘 불륜의 현장을 잡은 거예요."

상대는 웃자고 한 말인데 눈치 없는 우리는 처음에 무슨 말인가 해서 당혹스러웠다. 그도 그럴 것이 처음 보는 사람이 다짜고짜 사진을 찍어 준다고 하고, 불륜이라고 해대니 당황하지 않을 사람이 얼마나 될까?

그 사람은 우리가 진지하게 듣자 당황했는지 얼른 요즘 유원지를 걷는 남녀를 보고 부부인지 불륜인지 구분하는 방법이 있는데, 그 구분법에 의하면 우리는 분명히 불륜에 속하기 때문에 웃자고 한 말이라고 해명을 했다.

그러고 보니 어디에선가 우스갯소리를 본 적이 있다. 유원지나 식당에서 두 남녀가 다정하게 먹으면 불륜이고, 말없이 밥만 먹으로 부부라고 했던가? 유원지에서 팔짱까지 끼고 걸었으니 우리는 분명히 불륜처럼 보였으리라. 우리는 상대에게 기분 좋은 웃음을 지어 보이며 좋게 봐주셔서 감사하다고 했다.

그 후로 강연을 다닐 때마다 아내와 함께 다녔는데, 불륜처럼 보일 때가 많다는 소리를 종종 듣는다. 이제는 그 말이 우리의 금실이 좋아 보인다는 말이라는 것을 알기에 그냥 웃어줄 뿐이다.

이게 불륜이라면 나는 아내와 함께 얼마든지 불륜을 저지르고 싶다. 아내 자랑하는 팔불출이라고 손가락질하는 분이 있을지 몰라도 나는 이런 불륜이라면 언제까지라도 저지르고 싶다.


## 귓엣말로 선생님을 빛내 주는 아내를 보며

방송에 나간 뒤 정말 바빠졌다. 주로 초 · 중 · 고등학교에 강의를 나갔는데 혼자서 다 소화하기에 벅찬 스케줄이었다. 아내의 도움이 절실히 필요한 상황이었다. 아내는 하루에 강의가 많을 때는 '강연 100도씨'와 '생활의 달인'에 나온 동영상 편집한 것을 갖고 먼저 강연장에 가서 틀어 주곤 했다. 그리고 내가 도착하면 아내는 그 동영상을 갖고 또 다른 학교로 이동을 하는 강행군이 이어졌다. 정말 바쁜 시기였지만 아내는 불평 하나 없이 기쁜 표정으로 다 해주었다.

그렇게 바쁘게 학교를 돌다 보니 어느 학교였는지 잘 기억이 나지 않지만 내게는 정말 뜻깊은 자리가 있었다. 어느 날 마지막 강의를 마치고 아내와 함께 식당에서 강의를 들었던 이들과 함께 식사를 할 일이 생겼다. 선생님과 어머니들 그리고 그 어머니들 옆에 각자의 아이들이 함께 자리를 잡았다. 밥상이 차려지고 반찬이 나오기 시작했다. 그 반찬 중에 나도 많이 먹기는 했지만 이름은 모르는 나물이 있었다.

그때 한 아이가 옆자리에 앉은 엄마에게 물었다.

"엄마, 이 나물 이름이 뭐야?"

"응, 엄마도 모르겠는데."

엄마가 모른다고 하자 아이는 옆자리에 앉은 다른 학부모에게 물어보았다.

"이 나물 이름이 뭐예요?"

그 학부모도 모른다고 했고, 아이는 옆자리에 앉은 학부모에게 또 묻기 시작했다. 그 자리에 나물 이름을 아는 사람은 없었다. 아이는 집요하게 그 자리에 있는 어른들에게 다 물어볼 기세였다. 아내 차례가 가까워졌는데, 그때 아내는 옆자리에 앉은 선생님에게 귀엣말을 하고 있었다. 귀엣말이 끝나기 무섭게 아이가 아내에게 물었다.

"이 나물 이름이 뭐예요?"

"응, 나도 모르겠는데 선생님한테 여쭤 볼래?"

아내는 환한 미소를 지으며 아이를 보고 말했다. 이게 무슨 말인가? 그동안 나를 뒷바라지하느라 20년 가까이 식당에서 일을 했는데 나물 이름을 모른다니?

나는 의아해했지만, 이내 그 뜻을 알 수 있었다. 아내는 귀엣말로 선생님한테 나물 이름을 알려 주고, 아이가 선생님께 직접 물어봄으로써 답을 듣게 한 것이다.

"와, 역시 선생님이 최고예요. 선생님은 모르는 게 없어요."

아이는 선생님의 답을 듣자마자 큰소리로 호들갑을 떨며 기쁨을 표현했다. 엄마뿐만 아니라 심지어 식당 아줌마도 모르는 것을 선생님이 알고 있으니까 대단하다고 엄지를 치켜세운 것이다.

그때야 나는 아내가 아이한테 선생님의 권위를 세워 주려고 귀엣말로 나물 이름을 알려 주었다는 것을 알았다. 식사를 마치고 자리가 파할 무렵에 선생님이 나를 보고 말씀하셨다.

"강사님도 최고지만 사모님도 역시 최고네요. 오늘은 사모님 덕분에 제가 최고의 선생님이 되었어요. 세심한 부분까지 배려해 주시는 사모님의 품성에 제가 그냥 반해버렸네요. 정말 존경스럽습니다."

그때 나는 속으로 감탄을 했다. 아, 내가 이런 아내와 살고 있구나. 사람은 조금이라도 아는 것이 있으면 말하고 싶어 하는데, 이 순간에 선생님의 입장을 고려해서 세심한 배려를 한 아내가 새롭게 보였다.

"애들을 가르치는 것은 일류대학에 보내기 위한 것이 아니라 아이들이 행복하게 만들기 위한 것입니다."

아내는 내가 두 아들을 가르친다고 할 때 꼭 들려줄 말이 있다며 이 말을 강조했다. 공부도 좋지만 어떠한 경우에도 공부의 목적은 행복이라는 것을 잊지 말라고 했다. 그리고 더 이상 다른 말은 하지 않았다. 두 아들 앞에서 남편의 권위를 지켜 주고, 무엇이든지 내가 하는 것을 믿고 지지해 주었다.

아내는 아이들 앞에서 묵묵히 엄마로서 할 일만 했다. 두 아들이 아빠를 절대적으로 믿고 따르게 이끌어 주었다. 지금 아이들이 아빠인 나를 존경하고 사랑한다는 말을 스스럼없이 하는 것은 모두 다 아내의 세심한 배려 덕분이라는 것을 나는 알고 있다.

그리고 보니 아내는 식당에 다니며 넉넉지 못한 살림을 하면서도 아이들에게 정성을 기울였다. 돈이 없어 변변한 생일선물을 사지는 못해도 정성 들여 손수 케이크를 만들어서 꼭 축하를 해주었다. 아무리 바빠도 생일 때는 어떻게든지 아이들과 함께 하는 시간을 가졌다. 미역국이나 겨우 끓여줄 정도였지만 아내가 그렇게 해주니까 아이들이 정말 좋아했다. 물질로는 많이 부족한 엄마였지만 정성으로는 억만장자도 부럽지 않은 사랑을 베푼 것이다.

귀엣말로 선생님의 권위를 살려준 아내의 모습을 보면서 지난 일들이 주마등처럼 흘러갔다. 이 모든 것이 다 보이지 않는 곳에서 세심한 배려를 해준 아내가 있었기 때문에 가능한 일이라는 것을 확인하는 순간이었다.

새삼 내가 정말 아내 복이 많은 사람이라는 것을 느끼며, 앞으로 더욱 평생 동안 잘해야겠다는 생각을 해 보았다.

# 3부

# 우리,
# 수컷 말고 좋은 아빠가 됩시다

동물은 가축화로 길들여진 다음에
짝을 이루는 본능은 변함이 없지만
새끼들에게는 관심을 거의 보이지 않는다고 한다.
충격이었다. 어쩌면 나도 가축처럼
사회구조에 길들여지는 과정에서
나도 모르게 아빠로서 마땅히 가져야 할
자식에 대한 양육의 의무를 잊어버린 것은 아닌가?
나는 과연 수컷 말고 아빠로서 무엇을 했던가?

우리, 수컷 말고 | 3부
좋은 아빠가 됩시다

## 우리, 수컷 말고 좋은 아빠가 됩시다

어릴 때 우리 집 암캐가 여러 마리의 강아지를 낳았는데 어미 개는 한동안 새끼들을 돌보며 개집 안에서 살았다. 그러나 수캐는 제 새끼강아지들을 돌보는 기색이 전혀 없었다. 그해 겨울 우리 가족은 이사를하면서 암캐와 강아지들을 이웃집에 팔게 되었다. 그날 나는 울고불고 난리를 쳤었다. 가족을 모두 잃게 될 수캐가 가엾게 여겨지기도 했기 때문이었다. 그런데 수캐는 떠나가는 식구들을 본체만체 관심 없이 바라보고만 있었다.

어렸을 적 기억이지만 그것은 정말 큰 충격이었다. 그래서 한번은 도저히 이해할 수 없었던 수캐의 행동을 알아보기 위해 도서관을 찾았다.

찰스다윈은 '야생동물은 길들여지는 과정에서 그들 자신도 모르게 아빠로서 마땅히 해야 할 행동 패턴을 잃어가고 있다.'고 지적했다. 일례로 야생 수컷 회색기러기는 오랜 구애기간을 거친 뒤에 암컷을 만나고 새끼를 낳으면 적으로부터 잘 보호하지만, 가축화로 길들여진 다음에는 짝을 이루는 본능은 변함이 없지만 새끼들에게는 관심을 서의 보이지 않는다고 한다.

충격이었다. 어쩌면 나도 가축처럼 사회구조에 길들여지는 과정에서 나도 모르게 아빠로서 마땅히 가져야 할 자식에 대한 양육의 의무를 잊어버린 것은 아닌가? 나는 과연 수컷 말고 아빠로서 무엇을 했던가?

그러고 보니 이것은 결코 나만의 문제가 아니었다. 이 땅의 모든 아빠들이 해결해야 할 문제다. 돈만 벌어다 주고, 아이들에게 경제적으로 풍족한 환경만 갖춰 주면 아빠의 역할을 다한 것으로 착각하는 모든 아빠들이 생각해 볼 문제다. 그래서 나는 감히 이 땅의 아빠들에게 이렇게 외치고 싶다.

"이 땅의 아빠여, 우리 수컷 말고 아빠가 됩시다."

살아온 기적 살아갈 날들을 위한 용기

바쁜 꿀벌은 슬퍼할 겨를이 없다고 하는데, 그렇게 바쁜 꿀벌은 과연 얼마나 행복할까? 이 땅의 아빠라면 한 번쯤 진지하게 생각해 봐야 한다.

나도 생각해 보면 항상 바쁘게 살아왔다. 중학교 학력이 전부인 나는 어떻게든지 돈을 벌기 위해 노력했고, 뒤늦게 이것만이 전부가 아니라는 생각으로 공부에 뛰어들어 내 안에 잠재되어 있었던 새로운 능력을 발휘할 수 있었다.

그런데 어느 순간부터 이게 전부가 아니라는 생각을 했다. 그 당시 나는 정말 열심히 일하고 공부했다. 출퇴근 시간을 줄이기 위해 길거리나 교량 아래에서 공부를 했다. 그러다 보니 동물들처럼 사회에 잘 길들여진 수컷이 되어 가정에 너무 소홀했었다. 그것은 아이들에게 치명적이었다. 돈도 쥐꼬리만큼 벌어다 주면서 아이들 교육에도 전혀 관심을 기울이지 못했던 것이다.

그리고 그렇게 아이들과 소통이 멀어지니 정말 행복하지 않았다. 아이들로부터 아빠 취급도 받지 못했고, 기피와 원망의 대상으로 변해 있었다. 그래서 행복을 찾기 위해서는 꿀벌처럼 바쁘게만 살 것이 아니라 먼저 무엇을 중요하게 여겨야 할지 찾아보기로 했다.


그렇게 생각하니 아이들이 공부를 멀리 하고 컴퓨터 게임으로 빠져든 이유를 이해할 것만 같았다. 아빠의 사랑도 제대로 받지 못하고,

학원에도 제대로 다니지 못하는 아이들이 할 수 있는 일이 무엇이 있을까? 학년이 올라갈수록 어려워지는 학습내용은 더욱 이해할 수 없었고, 아토피 피부염으로 건강마저 남들 같지 않으니 그 좌절감이 얼마나 컸겠는가? 더구나 막노동을 하며 돈도 제대로 벌지 못하는 아빠의 삶을 보면서 꿈도 찾을 수 없었으니 얼마나 힘이 들었겠는가?

이렇게 생각하니 아이들을 불행과 고통, 좌절과 절망으로 빠뜨린 것은 아이들이 필요로 할 때 곁에서 힘이 되어 주지 못한 나의 잘못이 더 크다는 죄책감이 들었다. 이제라도 아빠로서 제 역할을 다 하기 위해 더욱 노력해 나가야겠다고 다짐해 본다.

그리고 이것은 결코 나와 우리 아이들만의 문제가 아니라는 것을 알기에 자녀교육에 무신경인 아빠들을 위해 이렇게 제안하고 싶다.

"우리, 수컷 말고 좋은 아빠가 됩시다!"

## 참견과 간섭은 공부의 적이다

1990년대에 꿩 농장을 운영했을 때의 일이다. 꿩이 알을 낳지 않았다. 그래서 인공 사료 대신에 풀과 곡류를 주며 온종일 관찰하며 지켜보았다. 또한 산란을 촉진하는 약물도 채소에 섞어 먹였다. 그러나 오히려 서로 쪼는 카니발리즘으로 폐사하는 경우가 발생했다.

그래서 사육사의 조언을 듣기 위해 동물원으로 갔다. 사육사는 동물원의 동물들이 간혹 새끼를 낳느니 차라리 유전자 증식을 포기하거나 새끼를 낳았더라도 그냥 죽여버리는 경우가 있다고 했다. 매일 일일이 사료를 공급하는 시스템으로 울타리에서 통제받고 감시당하는 데서 오는 반발심 때문일 거라고 했다.

그 말을 듣고 즉시 사육장의 울타리를 3m 높이의 천막으로 가려 지나가는 사람들이 볼 수 없게 했다. 그리고 꿩에게 눈가리개를 씌워 상대방을 쪼지 못하게 했다. 또한 모이를 주기 위해 하루에 한 차례만 사육장을 드나들었다. 그랬더니 이듬해부터 꿩들이 정상적으로 알을 낳았다.

동물도 이러한데 만물의 영장인 인간은 오죽할까? 부모가 아무리 아이를 위한다고 하지만, 아이들이 그것을 간섭이나 통제로 받아들이게 되면 오히려 역효과를 낼 수밖에 없을 것이다.

나는 이 점을 항상 가슴에 새기며 학습과정에서 아이들이 도움을 필요로 할 때만 응답하기로 했다. 가르치는 과정에서 혹시 내 감정 조절이 안 된 거친 표현이 아이들에게 전달될지 모른다고 생각해서 대형거울을 마주보고 강의를 하며 아이들에게 내 모습이 어떻게 비칠지 수시로 점검했다.


나는 학창시절 성적이 좋지 못했다. 아버지는 성적을 어느 수준까지 끌어올려야 하며, 공부를 얼마 동안 해야 하고, 숙제를 언제까지 해야 하는지 일일이 참견하셨다. 나를 위한 아버지의 사랑표현이었으리라. 하지만 그것은 성적향상에 전혀 도움이 되지 않았을 뿐만 아니라, 오히려 학업의욕을 꺾는 요인으로 작용했다.

그에 반해 아내는 내게 간섭하는 일이 거의 없었다. 술을 마시느라 집에 들어오지 않는 날이 많아도 뭐라고 간섭하거나 잔소리하지 않았다. 하지만 가끔 이런 말은 툭툭 내던졌다.

"그렇게 술을 많이 드시면 몸이 견뎌낼까요?"

나는 이런 아내의 모습을 보며 내 마음대로 살아서는 안 되겠다는 각오를 하기 시작했다. 그래서 아내를 믿고 40대 중반에, 아이가 초등학교에 입학할 때 함께 공부를 시작했다. 그때도 아내는 묵묵히 나를 지지하고 격려해 주었다. 난독증으로 힘겹게 공부하는 내게 필요한 것이 무엇인지 챙겨 주었다.

"꼭 대학을 가기 위해 공부하는 것이 아니니 지금처럼 노력해 주세요."

아내의 응원은 아내의 품에서 내가 마음껏 춤을 춰도 된다는 의미로 다가왔다. 내게는 천군만마를 얻은 것 같은 큰 힘이 되었다. 공부에 재주가 없으니 일찌감치 때려치우라는 주변 사람들의 말에도 굴하지 않고 내가 공부에 열중할 수 있었던 것은 순전히 아내 덕분이다.

그렇게 공부한 나는 2007년부터 아이 둘을 직접 가르치기 시작했다. 자식을 직접 가르치는 일은 여간 어려운 일이 아니었다. 그런데 8년 가까이 온종일 집에서만 생활하며, 수능 전 과목과 논술을 지도한 것이다. 오로지 혼자 가르쳐야 하는 부담과 완벽한 정답을 제시해야 하는 작업은 쉽지 않았지만 내게는 큰 축복이었다.

아이들은 나의 일상생활이 고3수험생이 겪는 어려움과는 비할 바가 아니라는 사실을 잘 알고 있었다. 이러한 모습을 간섭으로 적절히 활용했다. 즉 일절 말로서 간섭하지 않으면서, 나의 생활상으로 하여금 아이들이 스스로 알아차리게 만드는 참견이었다. 외곽을 때리는 고난도의 간섭이었다.

그러나 자식들에게 무작정 사랑을 베풀 수는 없었다. 우리는 다른 사람의 감정을 통제할 수는 없지만 그들에게 하는 행동으로 감정을 조절할 수는 있다. 이 점을 활용하여 그들이 공부에 태만하고 컴퓨터 게임에 지나치게 몰두할 때는 아이들을 말로 꾸짖지 않고, 방에 들어가 앉아 음식을 먹지 않았다. 무조건 3일을 그렇게 버텼다. 그러면 그들은 하루에 끼니를 한 끼만 먹는 나에게 건강을 해친다며 매일매일 간섭을 했다. 간섭의 도치법을 적용했다.

아이들은 아빠를 진정으로 이해하고 있었다. 나 역시 말로 간섭하지 않았다. 오로지 먼저 실천하면서 아이들이 그대로 따라와 주기를 바랄 뿐이었다.

나는 아내를 통해서 이렇게 하는 것이 아버지가 내게 했던 것처럼 간섭하는 것보다 아이들 교육에 훨씬 큰 효과를 낼 수 있다는 것을 잘 알고 있었다.

　자식들의 삶에서 가장 큰 손실은 부모가 애정을 담보로 부당한 간섭으로 야기되는 감시와 통제이다.

## 구겨진 종이가 더 멀리 가지 않더냐?

큰아들이 게임에 빠져 공부를 거의 포기하다시피 했을 때였다. 내가 뒤늦게 공부한다며 아이들한테 소홀히 한 것은 아닌가 싶어 엄청난 자책감에 빠졌을 때였다. 공부가 문제가 아니었다. 엄마는 식당에서 저녁 시간을 거의 다 보내고, 아빠는 막노동판을 전전하며 공부를 한다고 아이들을 방치해서 자칫 아이들 인생을 망칠 수도 있는 상황이었다. 아빠로서의 역할을 다하지 못한 나 자신이 너무 부끄러웠다.

　세상 모두를 얻는다 해도 자식 농사를 제대로 짓지 못한다면 어찌 행복한 인생이라 할 수 있는가? 아이의 행복을 위해서는 아빠인 내가 먼저 아이에게 소통하기 위해 접근을 해야겠다고 생각했다. 하지만 아빠가 소통을 해보려고 접근할수록 아이는 더욱 마음의 담을 쌓고 멀어져 갔다.

　나는 생각 끝에 아이의 일상을 지켜보기로 했다. 그래야 아이를 이해할 수 있고, 나중에 이야기를 나누더라도 공감대를 형성할 이야깃거리가 있을 거라고 생각한 것이다. 그래서 며칠 동안 아이를 미행하면서 아이를 지켜보기 시작했다.

그러던 어느 날이었다. 큰아들을 뒤따라갔던 날인데, 어느 놀이터에서 중학생인 큰아들이 덩치도 훨씬 큰 고등학생들과 치고받으며 싸우고 있었다. 덩치가 작은 아들이 일방적으로 몰리는 모습이 보였다.

'저렇게 맞다 죽으면 어쩌나?'

내심으로 걱정이 됐지만 차마 그 자리에 끼어들 수가 없었다. 아이가 맞는 모습을 볼 수가 없어 그냥 돌아서서 그 자리를 피했을 뿐이다.

그 순간에 내가 끼어들면 아들이 한 대라도 덜 맞게는 할 수 있었다. 하지만 나도 남자인지라 그렇게 했을 때 아들의 자존심이 어떻게 될지 짐작할 수 있었다. 내가 나서서 막아 주면 결국 아이의 자존심을 죽여 놓는 것이고, 아이는 친구들 앞에서 기를 펴고 살 수 없게 만들 수 있다는 생각이 들었다. 그래서 차라리 한 대를 더 맞게 하더라도 남자의 자존심만은 지켜줘야겠다고 생각한 것이다.

나중에 아내에게 이 이야기를 해줬더니 아내는 잘했다며 ·이해해 주었다. 아이가 맞은 것은 가슴 아픈 일이지만 그보다 자존심을 지켜 주는 것이 더 중요하다는 것에 동의한 것이다.

그런데 낮말은 새가 듣고, 밤말은 쥐가 듣는다 했던가? 아내에게 한 말을 어떻게 듣고, 자초지종을 알게 된 아들이 말했다.

"만약에 그때 아빠가 끼어들었다면 저는 자존심이 상해서 영원히 아빠를 보지 않았을지 몰라요. 그건 아빠가 정말 잘하신 거예요. 나도 자존심이 있는데……. 그런데 아빠, 그 말을 듣고 보니 괜히 섭섭한 마음도 드는 것은 어쩔 수 없네요. 어떻게 아들이 맞고 있는데 그냥 돌아가실 수 있는 거죠?"

아이는 눈을 흘겼지만 나는 그렇게 아이와 소통하는 시간을 가질 수 있다는 것이 기뻤다. 그래서 그 자리에서 아들에게 말했다.

"저기 종이 좀 가져와 봐라."

아들이 종이를 가져왔을 때 나는 그대로 바닥에 던져 보았다. 종이는 펄럭이며 바로 앞에 떨어졌다. 그다음에 나는 그 종이를 집어 두 손으로 구긴 다음에 던져 보았다. 구겨진 종이는 저만치 멀리 날아갔다.

"자, 봐라. 반듯한 종이는 바로 앞에 떨어지지만 구겨진 종이는 저 멀리 날아가지 않더냐? 나는 지금 네가 구겨진 종이라 생각한다. 너는 지금 못난 아빠 때문에 상처를 많이 받아서인지 반듯한 종이의 길은 가고 있지 못한 것은 어쩔 수 없다. 하지만 걱정하지 않는다. 아빠는 너보다 더한 구겨진 인생을 살아오지 않았더냐? 그런데 생각해 봐라. 아빠가 한 것처럼 너도 이제 마음만 먹으면 얼마든지 반듯하게 자라온 아이들보다 더 멀리 나갈 수 있지 않겠니? 나는 지금이라도 네

살아온 기적 살아갈 날들을 위한 용기

가 구겨진 종이처럼 더 멀리 갈 수 있다는 것을 믿고 있으니까 한번 아빠를 믿고 따라와 주지 않겠니?"

그때쯤에 나는 아들이 서서히 마음을 열고 있다는 것을 알았다. 지금도 아들은 그때 내가 했던 말을 기억하며 정말 큰 힘을 얻었다고 한다.

나는 아이가 받은 상처를 끌어안고 어떻게든지 그 상처를 풀어 주기 위해 끊임없이 소통을 시작했다. 아들은 누구보다 아버지와 소통이 잘 되어야 한다는 것을 가슴에 새겼기 때문이다. 그 덕분인지 아이들은 점차 마음을 열었고, 지금은 아빠를 제일 존경한다는 말을 스스럼없이 하는 소중한 아들로 자라 주었다.

"구겨진 종이가 더 멀리 간다."

지금은 강연장에서 속 썩이는 아이들 때문에 속상하다는 부모님들한테 이 말을 들려주면서 함께 하고 있다.


## 좋은 아빠는 친구가 되는 일이다

2006년 5월, 아내가 내가 일하는 주유소에 찾아와서 "지금까지 전교 350등의 성적을 5등으로 감쪽같이 속여 보여 준 아이들이 그 사실이 탄로 나자 집을 나갔다."고 말했다. 나는 순간 앞이 캄캄하고 아찔했다.

중학교 3학년, 1학년인 아이들은 어릴 때부터 아토피 피부염을 앓았다. 아이들이 커가면 괜찮아질 것이라는 막연한 기대감이 치료와 관리를 소홀히 하여 오히려 병을 키우는 꼴이 되었다. 한창 신경을 써야 할 시기에 돌봐줄 사람이 없었던 환경이 아이들을 거리로 내모는 형국이 되었다. 그 결과로 아이들은 피부질환과 성적 부진으로 공부를 포기한 채 컴퓨터 게임에 빠져 방황하고 있었다. 나의 불찰이었다.

큰아이는 고등학교 진학을 포기했다. 아이들은 나를 아버지라고 부르지도 인정하지도 않았다. 부모와 자식 간에 주고받는 말 한마디가 없었다. 참기 어려운 고통의 날들이 계속되었다.

"우리 아빠는 무식하고 별 볼 일 없는 막노동꾼이다."

실제로 아이가 어버이날이라는 제목으로 쓴 글을 보는 순간 나는 눈앞이 캄캄했다. 생애 처음으로 글자를 배운 것을 후회할 정도였다. 정말 심각한 상황이 계속 이어졌다. 아빠와 마음의 문을 닫은 아이는 집에도 마음을 두지 못했다.

"나는 학교를 그만둔다. 아니 거부한다."

책상 위에 놓인 아이의 쪽지는 억장을 무너뜨렸다. 아빠로서 해야 할 일이 무엇인지 심각하게 생각했지만 대안이 없어 갑갑한 날을 보내야 했다.

중학교만 졸업한 큰아들은 같이 놀 친구가 없으니까 집에서 매일 게임만 했다. 가뜩이나 게임중독으로 위험하다고 생각했는데 환경이 열악해지니까 아이들이 더욱 깊이 빠져든 것이다. 설상가상으로 아이들은 건강도 극도로 나빠지면서 집안을 엉망으로 만들어가고 있었다.

"사회에 나가 일을 하든지 공부를 하든지 몸이 건강해야 하니까 함께 운동해보자."

나는 고민 끝에 아이들과 친해지기 위해 운동을 제의했다. 처음에 아이들은 아무런 대꾸도 하지 않았다. 나는 아이들이 마음을 열어 주기를 기다리며 계속 같은 말을 되풀이했다. 그렇게 한 달이 지나자 아이들이 고개를 끄덕이는 것으로 동의를 해주었다. 아이들이 조금씩 가슴속의 빗장을 풀고 있는 것 같았다.

2007년 1월, 소양강을 따라 걷는 생활체육을 시작했다. 이 코스는 집에서 오전 8시에 출발하면 오후 6시경이면 돌아올 수 있는 10시간 쯤 소요되는 왕복 24km 거리이다. 부모, 형제, 어떤 일체의 인연과도 접촉을 끊은 채 내가 공부하면서 걸었던 그때 그 길을 나는 자식들과 다시 찾았다. 나는 자식들의 건강과 인성교육을 위해 '소양강의 기적을 아버지의 이름'으로 행군을 감행했다. 어느 날, 행군 중 점심시간이 막 지났을 때였다.

"왜 밥을 안 먹어요?"

거의 3년 만에 아이들의 말문이 열렸다.

"밥을 싸오지 않았다."

"왜?"

"쌀이 떨어진 모양이야."

나는 애비로서 차마 못할 말을 해야 했다. 큰아들은 그만 울상이 되어버렸다. 아이들은 더 이상 말을 붙이지 않았다. 그렇게 묵묵히 운동을 하고 늦게 집으로 돌아오니 아내가 어디서 쌀을 구했는지 저녁상을 차려놓고 기다리고 있었다. 나는 아내와 자식들 보기에 미안해 방바닥에 누워버렸다. 그때 큰아이가 "아빠 밥 먹자"고 말했다. 나는 '아빠'라는 소리에 벌떡 일어났다.

아이들이 처음으로 아빠라고 불러준 것이다. 집도 절도 없는 아빠, 돈이 없어서 학원도 보내 주지 못했던 아빠, 배움이 부족해서 공사판을 전전하느라 사람들로부터 천대와 멸시를 받았던 아빠, 그런데 아이들이 이제 그런 나를 아빠라고 인정한 것이다.

'세상에는 모든 것을 잘하는 완벽한 아빠는 없다. 난 비록 부족한 아빠지만 그래도 자식들에게 좋은 영향을 줄 수 있을 거야.'

그때 나는 결심했다. 모든 것을 다해 주는 능력 있는 아빠는 될 수 없어도 좋은 아빠는 될 수 있으니 최선을 다하자고.

아이들이 말문을 열자 대화가 시작됐다. 나는 아이들에게 솔직하게 말했다.

살아온 기적 살아갈 날들을 위한 용기

"아빠가 생활비를 벌어야 하니까 주말에는 너희들끼리 운동해라."

아이들 눈에 눈물이 어른거렸다.

아이들은 다른 것은 몰라도 운동만큼은 확실하게 아빠의 의견대로 따라 주었다. 나는 아이들에게 친구처럼 다가가기 위해 나름대로 많은 작전을 짰다.

"이제부터 아빠를 아빠라고 부르지 말고 이름을 불러다오."

물론 아이들은 선뜻 내 제의에 응하지 못했다. 어떻게 아빠 이름을 부른단 말인가?

그러던 2008년 설날 무렵이었다. 아이들이 밖에 나가 놀다가 저녁 늦게 집에 돌아왔다. 2월이지만 영하 20도 정도로 추운 날이었다. 나는 운동을 빼먹을 수 없다며 아이들을 데리고 밖으로 나왔다.

"더 이상 못 가겠어요."

집에서 따라 나올 때부터 못마땅한 표정을 짓던 아이들이 소양대교에 이르렀을 때 짜증을 내며 거칠게 대들었다. 나는 화를 참지 못해 배낭을 맨 채 다리 아래 강물로 뛰어들었다.

"아빠! 아빠!"

아이들이 다급하게 소리쳤다. 나는 어쨌든 아이들이 아빠라고 불러 주는 것이 좋았다. 그 순간에 얼른 이렇게 외쳤다.

"야, 이놈들아! 아빠라 부르지 말고 이름을 부르라고 했잖아!"

"벽공(碧空)!"

그랬더니 잠시 망설이던 큰아들이 외쳤다. 큰아들 나름대로 아빠의 호를 지어준 것이다. 그 말을 듣는 순간 화는 어느새 저 멀리 달아나 있었다. 조금 후에 아이들이 강물로 뛰어들어 나를 물 밖으로 데리고 나왔다. 추위도 느낄 겨를이 없었다. 우리는 그렇게 하나가 되고 있었다.

## 아들 교육은 아빠가 제격이다

7살 무렵에 아버지로부터 삼국지 이야기를 들었었다. 제갈공명이 자신의 지시를 따르지 않은 마속 장군을 울면서 참수했다는 대목이 있었다.

"아빠, 꼭 마속을 죽여야 해요?"

내 질문을 받은 아버지는 한참 생각하셨다. 그리고 이렇게 말씀하셨다.

"그것은 차차 알게 될 거야."

그때 나는 마속을 살려 달라고 한바탕 떼를 썼던 기억이 있다. 그러면 이전에 있었던 옛날이야기처럼, 혹시 삼국지의 이야기도 내용이 바뀔지 모른다고 생각했다. 그때 아버지는 빙그레 웃기만 하셨다.

내가 난독증 증세로 학교에 적응하지 못하는 것을 알기까지 아버지는 내게 참 잘해주셨다. 그때는 직장도 여유가 있어서 그랬는지 모르지만 아버지가 책을 읽어 주셨을 때만큼 행복한 적도 없었다. 하지만 1960년대 정권에 밉보이는 시민운동 쪽에 발을 들여 놓았다가 직장에서 해고되어 막노동판으로 내몰렸고, 내가 학습장애를 앓고 있다는 것을 알고 어떻게 할 줄 몰라 점점 내게서 멀어지셨다. 그 후부터는 아버지로부터 따뜻한 사랑을 받아본 기억이 없다.

마흔 살까지 거의 까막눈으로 살다가 이렇게 살면 안 되겠다는 생각을 먹고, 아내의 도움을 받으며 공부를 시작한 나는 마흔 넘어 국제변호사가 되겠다는 거창한 꿈을 꾸기 시작했다. 아내가 집안은 걱정하지 말라며 적극적으로 도와주면서 미국 유학을 하기 위해 구체적인 계획을 세우고 있을 무렵이었다. 당시 중학생이던 큰아들과 작은아들이 속을 썩이기 시작한 것이다. 처음에는 정말 뭐라고 말할 자격이 없어서 지켜보기만 했다. 하지만 나는 막노동으로 아내는 식당일로 집을 비우기 시작하자 방치된 아이들이 게임에만 빠져 있거나, 집이 답답하다며 가출을 하면서 학업을 완전히 등지기 시작했다.

"아이들 인생을 망치고 나면 세상을 얻은들 무슨 소용이 있으랴! 내가 아무리 거창한 국제변호사가 된들 무슨 소용이 있으랴!"

나는 아내에게 이렇게 말하고 당장 유학 계획을 포기했다. 대신 아내에게 내가 유학 간 것처럼 생각하고 집안의 생계를 책임져 준다면 직접 아이들을 가르쳐 보겠다고 했다. 나도 했는데, 아이들이라고 못할 것이 뭐 있겠냐고, 꼭 아이들도 공부를 잘하게 만들어 보겠다고 했다. 아내는 내 의견이라면 언제든지 따라 주었듯이 이번에도 알았다고 했다.

아들 교육은 아빠가 해야 한다고 한다. 나는 이 말에 전적으로 동조한다. 아들은 딸들과 다르다. 때로는 이성적인 말보다 그들과 똑같은 말과 행동을 해야 할 때도 있다. 그런데 우리의 교육현실은 어떠한가? 유치원은 말할 필요도 없고, 초등학교와 중학교 때까지 학교에서 남자 담임선생님을 한 번도 만나지 못하는 아이들이 많다. 집에서라도 아빠가 교육에 신경을 써주지 않으면 어쩌란 말인가?

나는 먼저 아빠에게 마음의 문을 닫고 있는 아들에게 다가가기 위해 부단히 노력했다. 집에 돌아오지 않는 아들을 위해 교복을 입고 교문에서 기다려 본 적도 있고, 때로는 아빠도 감정이 있는 사람이라는 것을 보여 주기 위해 직설적으로 화를 내기도 했다.

2010년 어느 주말이었다. 아들은 게임에 열중하느라 내가 일을 마치고 집에 들어오는 줄도 몰랐다. 내가 없을 때 공부는 전혀 하지 않고 컴퓨터 앞에만 있었다고 생각한 나는 화가 나서 아이가 앉아 있는 걸상을 발로 차버렸다.

"너 이게 뭐하는 짓이야?"

그랬더니 그대로 넘어졌던 아들이 벌떡 일어나더니 이렇게 말했다.

"아빠가 친구처럼 생각하라고 했지? 그러니까 친구끼리 맞짱 한 번 떠 볼까?"

나의 갑작스러운 공격에 화가 난 아들이 정말 맞짱을 뜰 생각인지 씩씩거리며 주먹을 불끈 쥐었다. 일순간 침묵이 흘렀다. 아들의 갑작스러운 도발에 나도 당황했지만, 잠시 침묵이 흐르는 동안 자신이 무슨 짓을 했는지 알아차린 아들도 당황한 표정이었다. 잠시 팽팽하게 흐르는 긴장을 깨고 얼른 말했다.

"야, 한 판 붙는 순간에 나는 네 아빠가 되어 너에게 주먹을 한 방도 못 날릴 텐데. 그래도 맞짱 뜰래?"

그러자 아이는 금방 그 자리에 무릎을 꿇으며 말했다.

"아빠, 죄송해요."

그리고 울면서 용서를 빌었다. 나 역시 아이를 감싸고 발길질부터 하며 의자를 걷어찬 것에 대해 사과를 했다. 우리의 맞짱은 그렇게 끝났다.

하지만 맞짱의 효과는 매우 컸다. 마치 남자 친구 둘이서 신나게 맞짱 뜨고 나서 언제 그랬냐는 듯이 훌훌 털고 더 진한 우애를 다지듯이 우리 사이에도 뭔가 진한 부자지정이 싹트고 있었다.


나는 그토록 배우고, 알고 싶어 했던 배움에 대한 간절한 마음을 내 방식대로 자식에게 전했다. 노력한 보람이 있어서인지 죽어라고 공부하기 싫어했던 큰아이도 점차 마음을 열고 아빠의 뜻을 따라 주기 시작했다.

## 방황도 한때의 일이다

두 아들은 여러 번 가출을 했었다. 자전거가 4대 있었는데 애가 집을 나갈 때마다 하나씩 없어졌다. 비용 마련을 위해 자전거를 내다 판 것이다. 한 번 나가면 짧게는 사흘, 길게는 열흘 정도 걸렸는데 몸에 물집과 반점이 생겨 가려워 견딜 수 없는 상태가 되면 돌아오곤 한 것이다.

아이가 이렇게 된 원인은 내게도 있었을 것이다. 하지만 나는 배운 것이 없어 지혜롭게 보살피지 못했고, 가장으로서 역할을 해 내지 못했기 때문에 냉가슴만 앓고 있었다.

어쩌면 아이의 방황도 유전이 아닐까 싶었다. 나 역시 어릴 때 많이 방황했다. 그래서 아이를 이해하기로 했다. 젊은 시절의 방황은 인생의 멋진 선물이 될 수 있다는 사실을 알았다. 그것도 다 한때의 일이다. 나는 그것을 스스로 헤쳐 나올 수 있도록 지켜 주는 것도 아빠

살아온 기적 살아갈 날들을 위한 용기

의 몫이라고 생각했고, 그 생각을 행동으로 옮기기 위해 노력해 왔다.

다행히 아들들은 내 마음을 받아 주었다. '2015년 제2회 아빠와 함께 하는 편지 공모전 & 2015 아빠와 함께 하는 창작놀이 공모전' (심사위원장, 이기준 전 서울대총장)에 큰아들이 쓴 글을 보고 나도 많은 눈물을 흘렸다. 다음은 그 편지글 중의 일부다.

2007년 12월, 마지막 남은 우리 집 교통수단인 자전거를 팔아서 동생과 함께 또 집을 나오고 말았습니다. 그리고 무작정 열차를 타고 남쪽으로 향했습니다. 그때는 월세 주공아파트에 살면서 막노동 하는 아빠, 식당 종업원으로 일 다니는 엄마에게 다시는 돌아가지 않으리라 다짐했답니다. 부산에 도착했을 무렵에 이미 돈이 다 떨어졌지요. 어디 가서 밥을 얻어먹고 어디에서 잠을 청해야 하는지 막막하기만 했습니다. 그때 동생이 소리쳤습니다.

"형! 내 배낭에 돈이 들어 있어."

'아니 무슨 돈일까?'

곰곰이 생각해 보았습니다. 저희들이 집을 나갈 것이라고 낌새를 알아차린 아빠께서 가출을 못하도록 우리 운동화와 옷을 모두 빨아 버리고는 막노동 하러 나가셨겠죠. 그리고는 '집 나가는 자식들이 고생할까 봐, 이틀 막노동으로 번 돈을 우리들의 가방에 몰래 넣어 주신 것이 아닐까?' 이런 생각이 들자 우리 형제는 길바닥에서 부둥켜안고 울었습니다.

이 세상 아버지는 모두 바보인 것 같습니다. 자식은 아버지를 버릴 수 있지만 아버지는 자식을 버릴 마음이 없다는 사실을 깨달았습니다. 아버지는 자식을 잡으려고 해도 잡을 수 없다고 생각해서 잡기 위해 놓아 주는 방법을 선택한 것 같았습니다. 아버지는 자식을 사랑하고 아이들의 마음을 잘 헤아려 주는 참으로 자상한 분임을 느꼈습니다. 그날 우리는 바로 집으로 돌아왔고, 다시는 부모님의 속을 썩이지 않기로 결심했습니다.

노동주 '이 세상 아버지는 바보인 것 같습니다' 중에서

## 때로는 머리보다 몸을 먼저 써라

'부모의 지나친 사랑은 때로는 간섭으로 작용해 아이들의 독립된 자아의 형성과 성장을 방해한다. 아이가 어떤 과제를 수행하는 동안 부모가 끼어들면 아이는 자신을 무시하는 것으로 받아들여 비이성적인 행동으로 반항을 하기도 한다. 그래서 가급적 아이가 무엇을 할 때는 스스로 답을 찾을 때까지 지켜보는 것이 좋다.'

나도 처음에는 이 원칙을 지키려고 했다. 아이들이 스스로 공부하겠다는 의지만 세우면 나처럼 쉽게 공부를 따라 잡을 수 있을 것이

라 생각했다.

하지만 아이들을 대하면서 생각이 바뀌기 시작했다. 나는 온갖 고생을 다한 끝에 공부를 하겠다고 했으니까 그만큼 절실함이 있었다. 하지만 아이들은 감정 조절이 쉽지 않은 사춘기라 뜻을 세웠다가도 절실함이 부족해 그것을 오래 유지하지 못했다.

나는 먼저 아이들에게 뭔가 강인한 의지를 심어 주고 싶었다. 그래서 생각한 것이 머리보다 먼저 몸을 쓰게 만들자고 결심한 것이다.

그 당시 중학생인 두 아들은 게임중독에 빠져 있었다. 특히 작은아들은 아토피 피부염으로 공부를 제대로 할 수 없을 정도였다.

그러다 보니 꿈이 없다며 좌절하기 일쑤였다. 그러던 중에 2008년에 두 아들이 또 집을 나갔다. 나는 그들을 찾기 위해 여기저기 헤맸다. 그러다 4일 만에 내 고향인 부산에서 아이들을 만났다. 그때 우리 삼부자는 해운대 겨울바다를 바라보며 나란히 서 있었다.

나는 속으로 피눈물을 흘리고 있었다. 나 역시 젊은 시절, 술에 취하면 이 자리에서 얼마나 울었던가? 공부를 못하니까 인생이 꽉 막힌 듯한 좌절감에 얼마나 힘들어 했던가? 그런데 이제 방황하는 두 아들의 아빠가 되어 이곳에 서다니. 정말 그 어떤 말도 할 수가 없었다. 단지 아이들을 달래고 달래 집으로 데려왔을 뿐이다.

"그래, 아빠가 공부하라는 말은 하지 않을 테니 아빠랑 함께 다시 운동을 하자. 아빠는 이제 너희들을 위해 이 목숨을 바칠 각오로 할

참이다."

나는 다시 아이들과 소양강 북한강을 오르내리면서 아이들과 걷기 시작했다. 나중에 따지고 보니 2년 동안 걸은 거리가 무려 8,000km에 달할 정도였다. 그 과정에서 우리는 친밀도를 가졌고, 아이들은 아빠가 힘든 일을 하면서도 자신들과 함께 하는 모습을 보며 이런 마음으로 공부를 하면 자신들도 아빠처럼 못할 이유가 없겠다는 자신감을 갖기 시작했다. 그렇게 수천 킬로를 걸었을 때 어느 순간 큰아들이 말했다.

"아빠, 사랑해요! 저도 아빠처럼 공부해 볼게요."

행군 중에 나란히 앉은 자리에서 들은 말을 나는 결코 잊을 수 없다. 그렇게 두 아들의 마음을 얻고 나니 세상을 다 얻은 기분이었다. 그러고 보니 공부는 문제도 아니었다. 그다음부터는 나만이 아는 내 자신의 신념, 타고난 재능이 필요 없는 영역이 공부라는 신념을 가지고, 두 아들을 가르쳤다. 그러자 아이들도 잘 따라 주었다.


## 숲속 행군이 아토피를 이겼다

두 아들은 어려서부터 아토피 피부염이 있었다. 처음에는 인스턴트 음식과 육류, 유제품 등을 피하는 것이 좋다고만 알고 있었다. 하지만 그것은 무지의 소산이었다. 그때부터 우리가족은 보리밥과 채소만 먹었다. 하지만 아이들은 제한된 식단으로 성장발육에 도움이 되는 영양분을 섭취하지 못했다. 체력이 또래 아이들과 비교되지 않을 정도로 뒤처지기 시작했다.

아토피가 악화된 상태에서 중학교에 진학한 그들은 초등학교와 달리 활동 범위가 확대된 학교생활과 늘어난 학교 수업의 양이나 질에 적응할 수 없었다. 특히 딱딱한 의자에 하루 12시간 이상 앉아 공부를 할 수 있는 체력이 뒷받침되지 못했다. 그래서 급기야는 고등학교에 진학하지 못하는 불행한 상황을 맞아야 했다.


그때부터 가정의 평화가 깨지고 말았다. 그때 비로소 나는 음식이 우리 인간에게 얼마나 중요한 역할을 하는지 뼈저리게 느꼈다. 그때까지 병원진료 기록을 토대로 음식을 마음 놓고 먹을 수 있는 방법을 궁리해 보았다. 그래서 음식물이 아토피 피부염을 일으키고 악화시킬 수 있다 하더라도, 아이들에게 인스턴트식품, 유제품, 육류가 가미된 식사를 제공하기로 마음먹었다. 먹는 음식 즉 식사가 우리가 정상적으로 활동할 수 있도록 몸에 필요한 다양한 영양분을 제공해 줄 뿐만 아니라, 가족을 비롯한 사람들의 의사소통이나 연대감을 강화하는 기회도 제공한다고 생각했기 때문이다.

어떻게 하면 음식을 마음 놓고 먹을 수 있을까? 사람마다 자라온 성장배경과 환경이 다르다. 그리고 아토피 증상을 가진 내 자식들은 당장 다양한 음식물을 섭취할 수 없었다. 그래서 그들이 먹어야 할 것과 먹지 말아야 할 음식을 철저히 가려서 식단을 짰다. 그러나 그것이 영양적으로 모든 식품이 포함되고, 균형이 잡혔는지를 확인하는 작업을 거칠 수는 없었다. 그리고 경제적으로 식비가 예산의 범위를 초과하고, 모든 가족구성원의 기호를 잘 반영하지 못하는 단점이 발생했다. 그래도 어떻게든 계속 노력을 해야 했다.

2009년 여름에 온 가족이 육류를 먹었다. 큰아들은 아무 이상이 없었지만, 작은아들은 얼굴에 대상포진이 생겼다. 잠으로 아찔한 순간이었다. 2007년부터 숲속 길을 따라 걷기 시작한 큰아이는 아토피는 남아 있었으나 음식은 굳이 가릴 필요가 없을 정도로 호전이 되었다. 그때 나는 숲이 만들어 내는 피톤치드가 아토피 치유에 많은 도움을 준다는 사실을 알게 되었다.

그래서 그때부터 작은아들을 데리고 숲속 행군을 시작했다. 처음에는 힘든 운동을 견디는 것보다 먹지 말아야 할 음식을 먹고 싶은 충동을 이겨내는 게 더 힘들었다. 날이 지남에 따라 급격한 체력저하로 시력이 떨어지고, 두통에 시달리며, 목이 뻐근하고 소변이 누렇게 나오는 상태가 되었다. 그러나 나는 작은아들에게 언제가 우리도 먹는 즐거움을 누려보자고 독려하며 행군을 계속하게 했다.

살아온 기적 살아갈 날들을 위한 용기

2013년 작은아들과 나는 공지천을 거쳐 사농동 인형극장에 도착했다. 오후 2시가 넘었다. 배가 무척 고팠다. 라면이 먹고 싶다고 하며 편의점으로 들어갔던 아이가 컵라면을 3개나 들고 밖으로 나왔다. 2개를 먹을 모양이다. 아들은 불안감을 느끼는 아빠를 애써 외면하며 채 익지도 않은 라면 하나를 순식간에 먹었다. 그다음 것도 젓가락에 빙빙 말더니, 아직 덮개를 뜯지도 않은 내 몫을 흘금흘금 쳐다보면서 순식간에 먹어버렸다. 라면을 한두 번 먹어본 솜씨가 아니었다. 나는 내 것도 아이 쪽으로 밀어 주고 가게 안으로 들어갔다.

'음식을 먹는다는 것은 단순히 영양소를 섭취한다는 것 이상의 의미가 있다.'

음식이 소통에도 큰 의미가 있다고 생각했다. 이 순간 소통보다 더 중요한 의미가 또 뭐가 있을까 싶었다. 그래서 라면 2개를 사 들고 나왔다.

아이는 오른손으로 환상적인 젓가락질을 하며 면을 입으로 가져가면서 왼손으로는 유연하게 내 라면을 자기 쪽으로 끌어당겨 가는 여유까지 보였다. 매우 맛있게 먹는 그 모습에 나도 군침이 돌아 꼭 하나는 먹고 싶었다. 다시 상점에 들어갔다.

'맛있는 음식을 먹는 것은 인간의 기본적인 욕구이자 큰 즐거움을 주는 것이다.'

이렇게 생각하고 재차 2개를 사들고 나왔다. 그 자리에서 우리는 영양분은 아랑곳하지 않고 라면 7개로 원 없이 소통하며, 원 없이 먹는 욕구를 누려 보았다. 아들은 6개를 먹고 나는 한 개밖에 먹지 않았지만 그때만큼은 내 배도 한없이 포만감을 느끼고 있었다.

그렇게 다 먹은 다음에야 라면이 불으면 배가 탈이 날 것이라고 생각되어 은근히 걱정이 되었다. 아이가 일어서서 호주머니를 뒤지기 시작했다. 화장실에 가기 위해 화장지를 찾는 모양이다. 그런데 녀석은 화장지 대신 1000원짜리 지폐 한 장을 꺼내더니 말했다.

"아빠! 내 돈 내고 하나 더 먹으면 안 돼?"

그동안 작은아들은 4년 동안 신이 내린 면역증강제인 강둑을 에워싼 숲길을 거닐면서, 땀을 흘리며 맑은 공기를 들어 마시면서 체질개선을 해온 것이다. 그리고 인스턴트식품, 유제품, 육류까지도 마음 놓고 먹을 수 있게 된 것이다. 나는 그것을 확인하는 순간 너무 기뻤다.

역시 숲속 행군을 잘했다는 위안을 얻었다.

## 아빠, 꿈이 뭐예요?

19살이 되던 해에 나는 해운대 근처의 한 부잣집에서 내부수리 공사의 잡부로 일한 적이 있었다. 그때 대문을 교체하면서 처음으로 망치질을 했다. 그 집에는 대학생 아들이 있었는데 거의 매일 전축을 틀어놓고 반복해서 팝송을 듣고 있었다. 그때마다 그는 명상에 잠긴 시인처럼 지그시 눈을 감고 그 노래를 흥얼거렸다.

나는 그 노래가 싫었다. 가사도 무슨 뜻인지 모르는데 템포까지 느린 선율이라 제대로 못을 박을 수 없었다. 그 노래가 흘러나올 때마다 망치질을 잘못하는 바람에 못이 종잡을 수 없는 방향으로 튕겨져 나갔다. 그 집에서 한 달가량 일을 했는데, 백 번 정도는 들었을 것이다. 그 노래가 어떤 의미를 담고 있는지 알 수 없었지만 얼마 후 나도 그 노래를 중얼거릴 정도가 되었다. 그 후로 공사판을 돌아다니며 막일을 하면서 수없이 그 노래를 중얼대곤 했다.

"아빠, 아빠 꿈은 뭐예요?"

큰아들이 초등학교에 입학했을 때 학교 숙제였나 보다. 아이가 뜬금없이 아빠의 꿈을 물었다. 나는 잠시 당황했다. 나의 꿈이 뭐였지? 그러고 보니 한때 나는 가수가 되고 싶다는 꿈을 꿨었다. 하지만 한 번도 가수가 되기 위한 노력을 하지 않았다. 그러고 보니 막연한 꿈이었을 뿐이지, 아들이 말하는 그런 꿈은 될 수 없었다.

나는 끝내 그 자리에서 대답하지 못했다. 그로부터 며칠을 생각해 보았다.

'꿈이라? 꿈? 내 꿈이 뭘까?'

중졸인 내가 무슨 놈의 꿈이 있단 말인가? 되는 대로 살지. 너무 어려운 숙제였다. 어린 아이들에게 이런 숙제를 내는 것이 얼마나 잔인한 일인지 알았다. 앞으로 아이들에게 함부로 꿈을 물어서는 안 되겠다는 생각을 했다.


아이가 1학년을 마칠 무렵 읽기와 쓰기를 제법 잘했다. 글을 배운 지 1년도 되지 않은 녀석이 읽고 쓰기를 하다니 난독증세로 쓰고 읽기에 어려움을 겪었던 나는 아이를 마냥 기특하게 여겼다.

'배우면 된다.'

그때 아이를 보고 갑자기 이런 생각이 들었다.

그리고 아내에게 말했다.

"공부를 하고 싶소."

"무엇 하시게요?"

"꿈을 가지기 위해서요."

아내는 뛸 듯이 기뻐하며 말했다.

"더 늦으면 영영 못합니다. 모든 삶이 정각 정시에 시작되는 것은 아니지요. 제가 무슨 일을 하더라도 당신을 뒷바라지하겠습니다."

천군만마를 얻은 기분이었다.

그때부터 나는 아내로부터 6개월 동안 기본 글자 익히기와 1년 6개월 간 중학교 과정을 배웠다. 그 후로 아내의 격려를 받으며 글자를 그림으로 익히면서 독학으로 수능 공부를 했다. 막노동도 열심히 하면서. 마침내 배움의 길로 들어선 지 7년째인 2006년에 새로운 목표를 세웠다. 이미 2005년도 기출 수능 모의고사에서 7번 연속으로 전과목 만점을 받은 터라 2006년 수능에서 완벽한 답안을 쓰는 것이었다.

그 후로 내 인생은 전혀 새로운 방향으로 흘러갔다. 작년 롯데 백화점 전국 순회강연을 했을 때 해운대 센텀시티점에서 강연을 했다. 그때 강연장에 나온 한 청중의 초대를 받아, 해운대 조선비치 호텔에서 식사를 한 적이 있었다. 반대편 해운대 밤바다 야경을 바라보았다. 바로 내가 19살 시절에 막일로 날품을 팔던 부잣집이 있었던 곳이었다.

나는 많은 생각에 잠겼다. 40여 년 전, 부잣집 내부수리 공사의 잡부로 일하면서 듣고 공사장 막일을 하면서 수없이 흥얼댔던 그 노래! 과연 그 노래가 무슨 노래일까 궁금해졌다. 경인방송 '행복한 10시 이용입니다'에 출연한 이후 친구가 된 80년대 가수왕 출신 이용 씨에게 전화로 물어보았다.

"이용 씨, 지금 내가 흥얼거리는 노래 제목이 뭐예요?"

"어, 그건 프랭크 시내트라의 마이웨이예요."

그때야 나는 그 노래가 프랭크 시내트라의 '마이 웨이(My way)'라는 사실을 알았다.

And now the end is near

So I face the final curtain

My friend, I'll say it clear

I'll state my case of which I'm certain

I've lived a life that's full

I've traveled each and every highway

And more, much more than this

I did it my way


자! 이제 마지막이 가까워졌군.

내 생애의 마지막 순간을 맞이하고 있다네.

내 친구여, 나는 분명히 해둘 게 있다네.

내가 확신하는 바대로 살았던 삶의 방식은

나는 충만한 삶을 살았다네.

나는 정말 많은 곳을 돌아다녔지.

살아온 기적 살아갈 날들을 위한 용기

더 굉장한 것은, 이것보다 더 많이 난 내 방식대로 살았어.

'마이 웨이'를 반복해서 듣는 가운데 나도 모르게 되뇌던 가사대로 내 인생을 이끌어 왔고, 지금도 그대로 이끌어가고 있다는 생각을 해본다.


## 꿈 찾아 걷고 걸은 2만 리

"너는 꿈이 뭐냐?"

"글쎄요, 저는 꿈이 없어요."

"야, 이놈아. 나는 네가 초등학교 때 꿈이 뭐냐고 물어서 공부를 했는데, 정작 너는 꿈이 없다니 이게 말이 되냐?"

어느 날 큰아들과 이야기를 나누다 나는 큰 충격을 받았다. 아이가 방황하는 데는 다 이유가 있었다. 꿈이 없으니 공부할 필요를 못 느끼고, 그렇게 공부를 못하니 꿈을 꿀 생각조차 못하는 것이 아닌가?

"아빠, 난 꿈이 없으니까 아빠처럼 노가다를 할 거예요."

어느 날 아이가 이렇게 말했을 때 이전 같았으면 화가 났을 텐데, 그날은 아이가 이렇게 마음을 열어준 것만으로도 고마웠다. 그래서 나는 아이에게 아무 말도 하지 않고 그다음부터 내가 일하는 세차장과 공사장으로 데리고 다녔다. 아들은 PC방 알바도 하고 싶다고 했지만, 나는 그것만은 말리고 싶어서 안 된다고 했다. 이왕이면 몸을 움직이는 일을 시키고 싶었기 때문이다.

그렇게 아들도 돈을 벌었던 그때가 우리집 수입이 가장 많았던 때라고, 지금은 웃으며 말하지만 정말 가슴이 찢어지는 시간들이었다. 아빠 마음을 알 길이 없는 아들은 그렇게 스무 날 정도 일을 하더니, 아빠를 위한답시고 이렇게 말했다.

"아빠, 이제 아빠는 이렇게 힘든 일은 그만하고 공부하세요. 아빠는 능력이 있잖아요."

그 말을 듣는 내 가슴은 찢어지는 고통이었다. 내가 저만힐 때 그랬던 것처럼 아이는 공부에 자신감을 완전히 잃고 있었던 것이다. 그래서 아이에게 직설적으로 말했다.

"야, 이놈아! 그럼, 아빠는 공부를 하고 아들은 막일을 하게 내버려두란 말이냐? 그게 지금 자식이 애비한테 할 소리냐?"

그러면서 아들에게 이렇게 살 수는 없지 않냐고 했다. 하지만 공부에 자신감을 잃은 아이에게 처음부터 공부를 해야 한다고 말할 수 없었다. 그래서 나는 특단의 조치를 취하기로 했다.

그때까지 모아둔 700만 원으로 아이들과 '목표가 없어 목표 있는 사람의 들러리 인생이 되지 않기 위해 꿈과 끼를 찾아서' 여행을 떠났다. 그렇게 걸은 길이 8,000km 이상은 됐다. 4km가 10리니까 자그마치 2만 리를 걸은 것이다. 비로소 큰아이는 법조인, 작은 아이는

살아온 기적 살아갈 날들을 위한 용기

영화감독의 꿈을 가지게 되었다. 두 아들은 꿈을 이루기 위해 공부를 하겠다는 의지가 역력히 보였다. 나는 이것을 꿈 찾아 걸은 2만 리라고 이름 붙였다.

그 후, 나는 두 아들을 직접 가르쳐 서울대 4년 장학생으로 합격시킨 아버지로 알려지면서 많은 방송 매체로부터 출연제의를 받았다. 특히 SBS '생활의 달인'에서 '자녀교육의 달인 대상'을 받은 후에 많은 부모들이 찾아왔다.

"우리 아이도 공부 좀 가르쳐 주세요."

그리고 백지수표를 내밀었다. 그때마다 아내는 찾아오는 부모들에게 말했다.

"자식 공부를 어찌 돈으로 사려고 하십니까? 이 땅에 그러지 못하는 부모들의 가슴에 못을 박을 수는 없습니다. 그래서 그 제안을 거절합니다. 하지만 자식을 위하고 사랑하는 부모의 마음은 기꺼이 받아들이겠습니다."

"그럼 한 가지 조언을 부탁드립니다."

"자식을 사랑하고 격려해서 아이가 꿈을 가지고 스스로 하겠다는 의지와 마음을 가지도록 도와주는 역할을 하시는 것이 중요하다고 생각합니다."

하지만 많은 부모들은 과정보다 결과에만 연연했다. 어떻게 하면 공부를 잘하게 만들 것이 아니라 어떻게 하면 높은 점수를 받게 할 것인가에 매달리다 보니 기초가 부족해 오래 가지 못하는 것이다.

한 아이가 있었다. 초등학교 5학년인데 몸이 비실거릴 정도로 약했다. 아이에게 물어봤더니 밤 12시까지 공부하기 일쑤였고, 새벽 1시 안에 잠을 자 본 적이 거의 없다고 했다. 참으로 안타까웠다. 그래서 아이의 편을 들어 이렇게 해보라고 했다.

"다음에 늦게 집에 들어가면 비실거리면서 아프다고 해봐. 그러면 엄마도 뭐라고 하지 않고 일찍 자라고 할 거니까 푹 자고 와."

그랬더니 실제로 그렇게 했다고 한다. 그래서 12시 이전에 잠을 잘 수 있었다. 일찍 잠을 자고 나서인지 아이가 생기를 찾았다.

아이에게 공부를 시키기 전에 무엇이 더 중요한지 일깨워 주는 좋은 일화다. 무조건 공부만 하라고 할 것이 아니라 먼저 아이 스스로 공부를 하겠다는 마음을 일으키도록 이끌어 주고, 보살펴 주는 것이 부모의 몫이라고 생각한다.

모름지기 부모란 자식을 낳아서 몸만 기르는 것이 아니라 마음도 함께 길러 주어야 한다.

## 세상을 잘못 살지는 않았구나

6살 때 아버지를 따라 상갓집에 간 적이 있었다. 내 또래쯤 되는 아버지의 친구 아들인 상주가 그의 어머니와 함께 빈소를 지키고 있었다. 멍석을 깔아 놓은 마당에는 문상객은 없고 술상 하나가 덩그렇게 놓여 있었다. 모기떼를 쫓느라 피워놓은 쑥대 불에서 나오는 메케한 연기만이 집안에 가득했다.

아버지는 분향을 마치고 마당에 깔아놓은 멍석 위에 놓인 술상에서 술을 드셨다. 나는 아버지의 무릎을 베고 스르르 잠이 들었다. 잠결에 아이의 울음소리가 들렸다. 그 끊일 듯 말듯 계속 이어지는 구슬피 우는 소리에 풀벌레마저도 울음을 멈추는 듯했다.

그날 아버지는 약주를 많이 드셨다. 밤이 이슥해서야 그 집을 나섰다. 비틀비틀 걷는 아빠 등에 업힌 나는 사르르 또 잠에 빠져들었다. 흔들 요람에 누운 듯했다. 마을 어귀를 벗어나 한길로 접어들 때였다.

"아저씨!"

누군가가 소리쳤다. 어둑어둑한 밭과 밭 사이 돌담으로 에워진 오솔길로 짚신을 벗어든 그 상주가 뛰어오고 있었다. 땀과 눈물로 범벅이 된 꼬마는 아빠의 바짓가랑이를 잡고 빌었다.

"우리 집에 다시 가주세요."

아이는 이 말만 반복하며 슬피 울었다. 아이는 문상객 없는 빈 집을 지키기가 무서웠던 것이다. 아버지는 우두커니 서서 먼 산을 바라보셨다. 아버지의 등이 들썩거렸다. 등에서 살며시 내려온 나도 그 자리에서 한참을 따라 울었다. 그리고 다시 그 집으로 가서 밤을 새웠던 기억이 가슴 아리게 남아 있다.

그런 아버지가 먼 길을 떠나셨다. 아버지는 비로소 등에서 나를 내려놓으신 것이다. 우리 삼형제는 4일장으로 치르기로 결정하고 문상객은 장례차가 떠나기 직전까지 받기로 했다. 지금은 사람이 죽었다는 소식을 들으면 곧 달려가 시신에 절하고, 상주에게도 인사를 하는 풍습이 시행되고 있으나, 옛 풍습에는 성복(成服: 초상이 났을 때 처음으로 상복을 입는 일)을 하기 전까지는 지극히 가까운 사이가 아니면 문상을 않는 것이 원칙이었다.

장례 기간에 나는 정말 난감했다. 내게는 문상 올 사람이 없었다. 떠돌아다니며 막노동을 했기에 알고 지내는 사람이 없었다. 13년을 거의 세상과 단절하고 살았기에 소식 없이 지냈던 옛 친구들에게도 부고장을 보낼 수 없는 노릇이었다. 그래서 나를 찾아온 문상객은 단 한 명도 없었다.

그에 반해 어머니와 두 동생의 문상객은 문전성시를 이뤘다. 평상시 든든한 인맥을 쌓아온 어머니와 동생들에 비해 내 모습은 더욱 초라해졌다. 특히 제수들과 두 아들을 보기가 정말 민망했다. 문상객이 오면 빈소에서 절을 하고 잠시 식당에 나와 문상객들과 조금이라도 음식을 나누는 게 일반적이지만, 나는 찾아온 문상객이 없기에 그럴 일이 없었다. 그러다 보니 사흘 동안 더욱 초라한 모습을 보일 수밖에 없었다.

다행히 군복무 중인 큰아들이 휴가로 나와 맏상주의 장손으로서 조문객을 받는 것부터 사소한 일까지 많은 일을 처리했다. 작은아들도 수능 지도로 건강이 좋지 않은 내게 각별한 신경을 써주었다.

장례 첫날에 아들이 화장실에 다녀오는 나를 메케한 냄새와 자욱한 연기가 가득한 흡연실로 끌고 들어갔다. 그리고 담배를 한 대 꺼내서 불을 붙여 주었다. 목이 따갑고 눈물이 났다. 아이가 숙연한 얼굴로 나를 힐금 쳐다보았다.

"아빠, 인생이란 왔다 잠시 머물다 그렇게 가는 것입니다."

아이가 말했다. 15년 동안 끊었던 담배를 피워서 그런지 기침이 나고 눈이 따가웠다.

아이의 친구들이 문상을 왔다. 큰애가 분향을 마친 친구들에게 나를 거창하게 소개했다.

"수능 전 과목을 가르치는 전무후무한 선생님이시며 어쩌다 가끔 만나는 아주 뛰어난 열린 사고의 소유자시다. 그리고 14년간의 공부를 통해 인생의 깊이와 침묵의 언어로 슬픔을 내면으로 승화시킬 줄 아는, 내가 가장 존경하는 분이시다."

그러면서 공사다망한 사람들에게 민폐를 끼치지 않으려고 의도적으로 내가 문상객을 일절 사양했다고 했다.

"맏상제가 쓰러지면 안 됩니다."

집안의 장손인 아들은 내게 이렇게 말하며 식사 때마다 음식을 직접 챙겨 주었다. 하지만 그때 나는 하루에 한 끼만 먹고 있었다. 아들은 끼니 때마다 술을 두 손으로 정중히 따라 주었다. 하지만 나는 공부를 시작한 이후로 술을 거의 마시지 않았다. 술은 한 잔만 마셔도 얼굴이 벌겋게 달아올랐다. 소주 반병만 마셔도 몸을 제대로 가누지 못했다. 그런데도 아들은 문상객이 뜸하면 나를 식탁으로 불러내어 슬픔을 달래는 데는 술만큼 좋은 게 없다며 거의 강제로 권하곤 했다.

"상주가 피곤하면 쓰러질 수 있어요."

큰아들은 수시로 내게 눈을 붙이라고 했다. 사실 그때까지 나는 아이들 수능을 지도하느라 앉아서 2~3시간만 자는 것에 익숙해 있었다.

장례를 무사히 치르고 집에 돌아왔다. 그러자 갑자기 아이가 울음으로 터뜨리며 말했다.

"아빠도 원하는 대학에 진학했다면 지금쯤 사회에서 중요한 위치를 차지하고 있었을 텐데, 못난 저와 동생이 아빠 발목을 잡는 바람에 14년 공부를 하고도 아빠에게는 도로 나무아미타불이 되었습니다. 괜히 저희가 문상객 한 명도 받지 못하는 수모를 안겨드렸습니다.

정말 죄송합니다."

아이는 문상객이 없었던 그 자리가 마음에 걸렸던 것이다. 나는 그 말을 듣고 어이가 없다는 듯이 소리를 꽥 질렀다.

"이놈아, 할아버지 장례 기간에 오지 않은 모든 사람들이 다 내 문상객이다!"

아이가 울음을 뚝 그쳤다. 할아버지 영정 앞에서는 눈물 한 방울 흘리지 않던 놈이 제 아버지 위로하러 오는 문상객 없다고 대성통곡을 하다니! 내가 세상을 잘못 살지 않았구나!

# 4부

# 독한 운명,
# 나의 난독증 극복기

난독증을 겪는 아이들이 치료만큼이나
힘들어 하는 것은 난독증에 대한 편견이다.
단지 글을 읽거나 쓰는 것이
남보다 조금 힘든 것일 뿐인데도
마치 큰 장애가 있는 것처럼 보는 시각이
아이들에게 큰 상처를 주고 있는 것이다.

독한 운명, │ 4부
나의 난독증 극복기 │

## 까막눈으로 살아온 44년의 세월

"아야, 어떻게든 면허증만 따라. 내가 승합차 하나는 사주마. 먹고 살아야 할 것 아닌가?"

학교를 졸업하면 시험은 안 볼 줄 알았다. 시험만 보지 않으면 글을 잘 읽지 못하고, 쓰지 못하는 게 그렇게 큰 고통이 되지 않을 거라 생각했다. 글자에 워낙 스트레스를 받아 시험과 관계없는 막노동으로 떠돌아다닌 것이 아니던가?

그런데 세상을 살다 보면 시험은 학교를 졸업한다고 끝나는 것이 아니다. 인생 자체가 끝없는 시험이라고 했던가? 어차피 시험의 연속이라면 학창시절에 열심히 해서 확 잡아놓는 것이 훨씬 낫지 않을까 싶다.

막노동판을 전전하는 것이 안타까웠는지 어머니는 내가 승합차를 몰며 좀 더 쉬운 일을 하시길 바라셨다. 하지만 나는 번번이 시험에서 떨어졌다. 학원에서 운전을 배웠기에 실기는 자신이 있었는데, 그놈의 필기가 문제였다. 사지선다형으로 찍는 문제였고, 문제집에 있는 답만 다 외우면 됐는데, 글자를 거꾸로 읽기 일쑤였으니 문장의 뜻은 알 길이 없었다.

진해에서 마산에 있는 진동 운전면허 시험장에 시험을 보러 갔다. 그때는 학원에서 풀어준 문제를 아무리 달달 외워도 시험을 볼 때는 기억이 제대로 나지 않아 자그마치 13번이나 떨어졌다. 14번째 때 턱걸이로 시험에 합격했을 때 얼마나 울었는지 모른다.


그런데 아내를 만나서 글을 배우며 전혀 다른 세상을 살기 시작했다. 2001년도에는 혹시 나중에 써먹을지 모른다는 생각에 택시 자격증 시험을 보기로 했다. 50문제라 한 문제당 배점이 2점이었고, 60점만 맞으면 합격하는 시험이었다. 총각 때 운전면허시험에 13번이나 떨어졌던 안 좋은 기억이 있기에 이번에는 뭔가 대책이 필요했다. 아내가 기발한 전략을 제시했다.

"어차피 60점만 맞으면 되니까 30문제만 맞으면 되는 거잖아요.

시간이 부족하니까 전략을 세워보면 어떨까요?"

그래서 세운 전략이 1번부터 25번까지는 무조건 1번만 찍고, 대신 26번부터 50번까지는 최선을 다해서 보자는 것이었다. 사지선다형이니까 무조건 1번 찍은 25문제 중에 최소한 6~7문제는 맞을 것이고, 그러면 나머지 25문제 중에 최소한 23문제만 맞으면 되지 않겠냐는 것이었다. 당장 전략을 세워 실행에 옮기기로 했다.

그런데 아뿔싸! 25문제까지만 1번을 찍기로 했는데 막상 찍다 보니 27번까지 1번을 찍은 것이다. 이제 남은 문제는 23문제다. 적어도 이 문제는 다 맞아야 합격선인 60점을 맞을 수 있었다.

나머지 23문제는 정말로 초집중하여 풀었다. 그러다 보니 문제를 일찍 푼 사람들은 다 나갔고, 유일하게 나만 남아 있었다. 내가 안쓰러웠는지 시험관은 시간이 종료됐는데도 마지막 문제까지 다 풀 수 있도록 조금 더 기다려 주었다. 그때 아내는 밖에서 기다려 주었다. 시험장을 나오는데 아내 보기가 너무 미안했다.

"이제 다 끝났으니까 걱정하지 마세요. 당신이 최선만 다했으면 결과는 상관없어요."

결과는 2시간 후에 발표된다고 했다. 나는 아내의 위로를 받으며 그 주변을 거닐었다. 결과 때문에 초조한 마음을 달랠 수 있었다. 마침내 시간이 되자 다시 발표장으로 왔을 때 차마 겁이 나서 들어설 수 없었다.

"여보, 합격이야. 합격. 저기 당신 이름에 합격이라는 표시가 있어!"

아내가 먼저 결과를 보고 외쳤다. 그때서야 나도 합격임을 확인하고 아내를 끌어안고 얼마나 울었는지 모른다. 최소한 정성을 다해 푼 23문제는 다 맞았다는 생각에 '나도 하면 된다'는 자신감도 얻을 수 있어서 더욱 좋았다.

아내를 통해 까막눈에서 벗어나기 전인 44세까지 글자에 얽힌, 결코 다시 기억하고 싶지 않은 에피소드는 참 많다. 지금 생각하면 참 가슴 아픈 일들이다.

1990년대 초반, 아내와 어머니가 자금을 보태줘서 인테리어 사업을 하려고 했을 때였다. 상호가 우성 인테리어였는데, '성'과 '정'을 제대로 구분하지 못한 나는 사업자등록 신고를 할 때 그만 '우정 인테리어'라고 써버렸다. 조합 아파트에 마케팅을 하려고 이미 '우성 인테리어'라는 천 장 이상의 전단지를 찍어 놓았는데, 사업자등록증에는 '우정 인테리어'라고 나왔으니 비싼 돈을 들여 제작한 전단지를 그냥 폐기해 버려야 하는 아픔도 겪어야 했다.

결혼해서 동래구 명장동에서 금정구 구서동으로 전입신고를 했을 때도 그랬다. 기껏 힘들게 가서 전입신고서에 주소를 있는 그대로 보

살아온 기적 살아갈 날들을 위한 용기

고 베껴 썼는데, 금정구 구서동에서 '구'를 빼버리고 금정구 서동으로 쓴 것이다. '구'가 나란히 있으니 그것을 구별해 내지 못한 것이다. 전입신고를 하고 집에 왔더니 전화가 왔다.

"이거 서동이면 서동으로 가야 했는데, 구서동으로 오셨네요. 이 것은 폐기할 테니까 서동으로 가셔서 다시 전입신고하시기 바랍니다."

얄궂은 운명의 장난이런가? 그때 금정구에는 구서동도 있고, 서동도 있었기에 동직원은 내가 서동으로 갈 것을 구서동으로 잘못 온 것이라 생각한 것이다. 내가 글자를 제대로 옮겨 적지 못해 생긴 일이라고는 전혀 생각하지 않았다. 왔던 길을 다시 가서 구서동이라고 확인 또 확인하고 써놓고 왔던 기억을 떠올리면 그저 씁쓸하기만 하다.

숫자를 제대로 판별하지 못해 월세 계약서에 주민등록번호를 잘못 썼던 기억은 다시 떠올리고 싶지도 않다. 주인과 직인을 찍고 서로 나눠가지고 헤어진 후에야 내 주민번호가 잘못 쓰인 것을 알았는데, 차마 주인에게 사실대로 말할 수 없어서 그대로 갖고 있었던 기억은 그나마 내가 운이 좋은 사람이라는 위안을 삼게 한다. 만약에 주민번호가 잘못 쓰인 계약서가 필요할 일이 생겼다면, 주인이 담보라도 잡았거나 뭔가 건물에 문제가 생겼다면 어떻게 되었을까? 그런데 그런 문제가 생기지 않아 주민번호 잘못 쓰인 월세 계약서 때문에 속을 썩일 일은 없었으니 이 얼마나 다행한 일인가?

큰아들이 초등학교 3학년이고 작은아들이 1학년일 때 아이들이 다니던 학교가 조종초등학교인데, 교과서에 학교 이름을 쓰는 곳에 '종조'초등학교라 써준 일은 지금 생각해 보면 웃으며 지나갈 일일 것이다. '조종'과 '종조'를 제대로 구분하지 못했던 까막눈 아빠의 흔적이 남아 있는 추억이다.

지금은 그런 장애를 극복하고 모의 수능고사 올백을 맞은 아빠로 기억되고 있으니 얼마나 다행인지 모른다.

나는 지금도 복정역과 북정역을 헷갈릴 때가 많다. 까막눈에서는 벗어났지만 글자를 완전히 해독하는 능력은 아직도 제대로 갖추지 못했다. 대신 그만큼 노력하는 것이다. 적어도 한 번 본 것은 틀리지 않으려고 노력, 또 노력을 해서 완전히 기억할 수 있도록 노력할 뿐이다.

### 이 모든 게 난독증 때문이라고?

"아빠, 여기 좀 봐. 아빠 이야기가 있네."

SBS '생활의 달인'에 출연한 지 얼마 안 되어 인터넷 검색을 하던 큰아들이 갑자기 나를 불렀다. 아들이 보여준 것은 네이버의 한 블로

살아온 기적 살아갈 날들을 위한 용기

그였다. 방송에 나왔던 내 사진이 올라가 있었고, 거기에는 이렇게 상세한 설명이 쓰여 있었다.

난독증연구소, 아이마인드의원장 서경란입니다. 오늘은 가정에서 할 수 있는 난독증 치료, 낭독 연습의 중요성에 대해 말씀드릴까 합니다.

2014년 초 SBS '생활의 달인'에서 '공부의 신'이라고 소개된 노태권 씨입니다. '강연 100도씨'에서도 '아빠의 이름으로'라는 제목으로 특강을 하기도 하셨지요. 중졸 학력에 난독증을 갖고 있는 분인데 EBS 교육방송을 통해 13년 동안 독학으로 공부하면서 자신의 공부 방법으로 두 아들을 지도해서 서울대학교, 한양대학교에 당당히 입학시킨 분입니다. 중졸에 난독증이 있는 분이 어떻게 두 아들의 훌륭한 스승이 되었을까요?

– 서경란 원장의 블로그 중에서

여기서 나는 처음으로 내가 난독증 환자라는 것을 알았다. 그래서 얼른 전화번호를 알아내서 연락을 드렸다.

"안녕하세요? 블로그에서 제 이야기를 보고 전화 드렸습니다."
"아, 그러세요? 반갑습니다."

나는 얼른 찾아뵙겠다고 했다. 그때 서경란 원장은 〈우리 아이 공부가 안 되는 진짜 이유 난독증〉이라는 책을 내고 우리나라에서 생소한 난독증의 문제를 사회화하기 위해 노력하고 계셨다.

나는 너무 궁금해서 아내와 함께 아이마인드연구소를 찾아 원장님한테 직접 난독증 검사를 받았다. 원장님은 나의 난독증 극복과정을 역추적하여 내가 타고난 청지각적 난독증, 시지각적 난독증, 운동표현성 난독증 그리고 명의 난독증 등 그야말로 난독증의 종합병원이라는 진단을 해주셨다. 그 자리에서 다 알아듣지도 못한 난독증의 종류에는 다음과 같은 것이 있다고 한다.

첫째, 청지각적 난독증은 말소리를 처리하는 과정에 문제가 있는 난독증이다. 언어의 문자소(文字素)와 대응되는 음소 관계에 따른 발음 중심의 언어지도법인 파닉스가 안 되어 글자를 소리로 바꾸지 못해 생긴 난독증이다. 소리 내서 읽는 데 어려움이 있고 철자를 발음규칙에 맞게 소리 내지 못하는 경우다. 난독증 가운데 가장 많은 유형이며 대략 60% 정도가 여기에 속한다고 한다.

이런 경우에는 파닉스 능력을 테스트하기 위해 만들어진 의미 없는 단어를 해독해 내는 능력이 현저히 떨어진다. 예를 들자면 'cap'이라는 단어를 보고 c,a,p라는 3개의 알파벳으로 구성된 단어라고 시각적 분석은 되는데 'c'가 /k/, 'a'가 /ae/, 'p'가 /p/로 발음된다는 것

살아온 기적 살아갈 날들을 위한 용기

을 모르기 때문에 발음을 못한다. 더 심각한 것은 cattle의 발음기호는 〔kætl〕인데 'ttle'을 'tl'으로 발음해야 하니 짝이 맞지 않아 도저히 읽을 수가 없다는 것이다. 그때는 지옥문이라도 열고 들어가고 싶은 심정이었다.

둘째, 시지각적 난독증은 글자와 소리의 관계를 이해하는 음운론적 개념은 괜찮지만, 전체 단어를 시각적으로 인식하는 데 어려움이 있는 난독증이다. 전체 난독증의 10% 정도라고 한다. 일반적인 발음 규칙이 철자 패턴과 맞지 않아서 반복해서 외워야 읽어낼 수 있는 시각적 단어를 해독하는 능력에 문제가 있는 것이다. 그리고 철자를 소리 나는 대로 적는 경향이 있다. 예를 들면 '먹는'을 '멍는'으로, '값'을 '갑'으로 적는다. 단어를 전체로 파악하지 못하기 때문에 시각적 변별 능력이 떨어지고, 철자를 기억하지 못한다. 또 '파노라마'를 '노파라마'로, '수사'를 '사수'로 단어의 앞뒤를 바꿔서 읽거나 쓰게 된다. 내가 참으로 얼마나 힘들었는지 알 수 있었다.

셋째, 운동 표현성 난독증은 글자를 생성하는 대뇌피질의 운동 영역에 문제가 있어서 'b'를 'd'로 착각해 'body'를 'doby'로 쓰거나 글자를 거꾸로 쓰고, 쓰는 순서를 잊어버리는 난독증이다.

'부모님, 왜 저를 낳으셨나요?'

이런 진단을 받으며 속으로 참 원망도 많이 했다. 공부는 고사하고 정상적인 사회생활도 할 수 없을 정도였다.

넷째, 명의 난독증은 이름이나 명칭을 바로 대는 것이 어렵고, 말할 때 머뭇거리거나 자신이 말하고자 했던 것과는 다른 단어를 계속 말하는 난독증이다. 예를 들어 '진지 드세요.'라고 말하고 싶었지만 '밥 먹어라.'라고 말하게 되는 경우가 여기에 속한다. 구체적인 명사 대신 '이것', '그것' 등의 대명사로 많이 표현한다. 이런 경우는 청지각과 시지각의 문제로 글자의 모양과 소리를 정확하게 이해하고 분석하지 못함으로써 정확하게 저장되지 못했기 때문에 회상과 연상이 안 되는 질병인 것이다.

그렇다면 나는 어떻게 이 천형을 극복하고 오늘에 이를 수 있었던 것일까? 서경란 원장은 이렇게 설명해 주셨다.

노태권 씨는 6년간의 열공을 통해 해독과정이 완성되었기 때문에 2006년부터는 수능시험을 봐도 한 문제도 틀리지 않을 것 같다는 자신감이 생겼던 것입니다.

그 단계에 도달하기 전까지는 끊임없이 듣고, 교재의 글자들과 연결하는 해독과정에 말할 수도 없는 수많은 시간을 들였던 것으로 추측됩니다.

– 서경란 원장의 블로그 중에서

그때부터 나는 난독증에 관심을 가졌고, 현재 우리나라에는 나처럼 난독증으로 고통을 겪는 이들이 꽤 많다는 것을 알았다. 아무것도 모르던 시기보다는 그나마 이제 뭔가 좀 알기 시작하니까 내가 해야할 일이 더 많아졌다는 것을 알았다.

"그러고 보니 나도 난독증이 아닐까 싶네요."
"저도 읽는 것이 정말 힘들거든요."
어른들을 상대로 강연을 하고 나면 이렇게 토로하는 이들을 많이 만난다. 어쩌면 그들도 나처럼 난독증을 겪고 있는 이들인지도 모른다. 난독증이라고 진단받는 것은 결코 유쾌한 일이 아니다. 하지만 나는 이미 난독증을 극복하고 진단 받았기 때문에 그나마 다행이라고 생각했다.

"맞아, 내가 안 된 것은 난독증 때문이야. 그러니 어쩌겠는가? 이 대로 살다 가야지."
난독증이라는 것을 아는 순간 이렇게 부정적인 생각이 드는 것을 막을 방법이 없다. 혹시라도 이렇게 부정적으로 생각하는 이가 있을까 싶어 이 말은 꼭 들려주고 싶다.

서경란 원장의 〈우리 아이 공부가 안 되는 진짜 이유 난독증〉에서 퍼온 글이다.

> 난독증은 언어중추가 있는 좌뇌 기능이 떨어지고 공간 감각, 직관력, 창의력을 담당하는 우뇌 기능이 발달한 경우이다. 좌뇌형이 지식을 많이 소유한 사람이라면, 우뇌형은 큰 그림을 보고 정해진 틀을 벗어나서 새로운 것을 개척하는 창조적 인재들이 많다. 우뇌가 발달한 난독인들 가운데 발명가, 예체능 천재가 많은 것은 당연하다. 레오나르도 다빈치, 에디슨, 피카소, 아인슈타인, 스티븐 스필버그, 폴 스미스 등이 있다.
>
> – 프롤로그 중에서

혹시 난독증이 의심된다면 그 이면을 봐야 한다. 난독증은 학습 능력, 특히 우리나라처럼 암기식 학습이 강요되는 교육 풍토에서는 견디기 힘든 천형이다. 하지만 그 이면을 보면 단지 글자를 제대로 읽고 쓰지 못한다는 이유로 포기했던 내 안의 천재성을 발견하는 축복을 맞이할 수 있다. 적어도 나는 그렇게 믿는다. 그렇게 믿고 운명을 극복하기 위해 노력한 결과 44년 동안 나를 괴롭혔던 난독증이라는 천형을 극복하고 지금의 내가 누리는 축복을 맞이했다고 믿기 때문이다.

## 난 난독증의 종합병원, 아내는 최고의 치유자

"바보야."

"정신지체자야."

"지적장애자야."

사람들은 언어의 학습장애를 가진 나를 이렇게 취급했다. 글을 제대로 읽고 쓰지 못했기 때문이다. 내게는 하늘이 무너져 내리는 참혹하고 끔찍한 말들이었다.

난독증. 지금은 방송에서도 다뤄지고 관심 있는 사람들이 늘어나면서 두뇌질병의 일환이라는 것으로 밝혀져 치유방법이 늘어나고 있지만, 그 당시는 누구에게도 이해받을 수 없었다.

난독증의 원인으로는 크게 두 가지를 든다.

첫째는 선천적인 난독증이다. 말하기는 어려서부터 저절로 배우지만, 문자언어는 노력을 해야 배울 수 있는 것이기 때문에 애초에 인간의 두뇌에 친숙한 것이 아니다. 오랜 역사를 거쳐 오는 동안 소수의 사람들만이 문자언어를 독점해왔고, 그런 과정에서 두뇌도 세습적으로 진화해 왔다. 그래서 문자언어와 친숙한 생활을 해온 집안의 사람들은 나름대로 문자와 친숙한 두뇌로 진화해 왔고, 문자언어와 완전히 동떨어진 삶을 살아야 했던 집안의 사람들은 문자생활과 거리가 멀어진 두뇌로 퇴화했다고 한다. 현재 15~25%가 난독증을 앓고 있는 것으로 예측하는데, 이들은 거의 선천성 난독증의 희생자라 한다.

둘째는 후천성 난독증이다. 아주 어렸을 때부터 문자언어 교육을 강조하는 집안에서 생기는 경우가 많다. 본인은 공부할 준비가 안 됐는데 강압적으로 학습이 이뤄지면 무의식 속에서 글자 자체를 두려워하며 아예 읽기 자체를 포기하게 만든다고 한다.

한때 '주군의 태양'이라는 드라마에서 남자 주인공인 소지섭이 후천성 난독증 환자를 연기했다. 어렸을 때 납치를 당한 공포스러운 상태에서 책을 계속 읽게 하니까 무의식 속에서 그때의 공포와 글자를 연계시켜 아예 글만 보면 공포상태에 빠지게 되었던 것이다.

요즘 조기교육을 많이 시키면서 아이들에게 강압적으로 책읽기나 글쓰기 교육을 강조하는 부모들이 가장 경계해야 할 일이다. 비공식 통계에 의하면 우리나라 성인의 80%가 후천성 난독증을 의심해 볼 만하다고 한다. 나처럼 아예 글자가 뿌옇게 보이는 선천성 난독증

뿐만 아니라 그런대로 글을 읽기는 읽는데 읽기가 끝난 다음에 글의 내용을 제대로 해독하지 못하는 것까지 난독증이라고 확대해석했을 때 우리나라 성인의 80%가 포함될 것이라고 한다. 특히 수능에서 시간 안에 문제를 풀지 못하는 아이들도 잠재적인 난독증을 의심해 봐야 한다는 것이다.

나는 지난날의 치욕과 굴욕을 생각하면 난독증이라는 용어 자체가 혐오스러워 생각조차 하기 싫을 때가 있었다. 지금 이 글을 쓰는 것도 여간 힘든 게 아니다. 하지만 나는 난독증과 정면 대결하기로 했다. 그래서 이 글을 쓰고 있다.

나는 스스로 하루 24시간 공부하면서 몰입의 힘을 발휘했고, 누구보다 사랑하는 아내와 수필가 스승 박종숙(춘천문화원 부원장)의 가르침으로 난독증을 극복해 가고 있다.

1990년대부터 아내는 나의 이러한 증상을 고치기 위해 갓 태어난 아이들이 언어습득을 하는 순서를 내게 적용해 나갔다. 듣기, 말하기, 읽기, 쓰기 순으로 인내를 갖고 나를 가르쳤다.

아내는 우선 초등학교 교과서와 동화책을 읽어 주었다. 그러면 나는 들은 내용을 똑같이 말로 표현했다. 6개월이 지날 무렵부터는 글자를 그림으로 두뇌에 입력시켜 읽기를 가르쳤다. 하지만 이때까지 쓰기는 도저히 할 수 없었다.

아내는 나의 쓰기를 위해 수필가이신 박종숙 선생님께 지도를 받게 해주었다. 선생님과의 만남은 나의 운명을 완전히 바꾸어 놓았다. 스승으로부터 반드시 해야 하고, 할 수 있다는 격려를 받으며 2013년 12월부터 이듬해 3월까지 하루 20시간 이상 글을 썼다. 이러한 과정은 내게 그야말로 피눈물이 나는 노력을 필요로 했다.

아무리 어려워도 묵묵히 격려해준 아내의 사랑으로 나는 마침내 남들처럼 읽고 쓸 수 있게 되었다. 그리고 〈공부의 힘〉이라는 책도 발간할 수 있었다. 이제 두 번째 저서인 이 책의 원고도 준비할 수 있게 되었다.

## 난독증, 그 치명적인 고통을 이겨내다

나는 태어날 때부터 눈동자가 초롱초롱 빛나 부모님은 물론이고 주위 사람들로부터 각별한 사랑을 받고 자랐다. 그리고 종종 생각에 빠지기도 하고, 그런 생각을 모아둘 주머니들을 사달라고 부모님을 졸라 대기도 하며 유아시기를 보냈다고 한다.

3살 무렵, 2층 양옥집에 살게 된 내가 한 번 보고 들은 것을 정확하게 기억하고 온갖 재롱을 부리며 깜찍하게 굴어 동네 사람들의 자랑거리가 되었던 적도 있었다.

그 당시 시청 공무원으로서 승승장구하던 아버지는 잔디가 깔린 정원을 아장아장 걸어 다니는 나의 모습에 도취되어 마냥 즐거워하셨다고 한다. 아버지는 휴일마다 나를 유원지에 데리고 다니며 견문을 넓혀 주셨다고 했다.

그러나 내가 5살 무렵에 아버지는 시민활동을 지원하다 해직되어 안정된 일자리를 잃어야 했다. 가족의 생계를 위해 막노동을 나가셔야 했다. 그때부터 나는 변두리 단칸방에 홀로 남아 행상 나간 어머니를 기다려야 했다. 그동안 자상하고 인자하신 부모님의 입에서 흘러 나오던 백설 공주 이야기는 더 이상 들을 수 없게 되었다.

초등학교에 입학한 나는 글자를 그려야 하는지 써야 하는지 몰랐다. 단어를 보고 그것을 소리로 연결시키지 못했으며 비슷한 소리를 구분하고 발음하는 데 어려움을 겪었다. 글씨를 쓸 때는 좌우 상하 방향이 헷갈려 제대로 쓰지를 못했다.

이런 결과는 장남인 내게 희망을 걸고 살아가시던 아버지를 더욱 힘들게 했다. 아버지는 이런 내 모습을 보고 당황해서 충격, 실망, 체념, 술, 미련, 좌절, 분노로 빠져들었다.

그때부터 마음에 상처를 입은 나는 더욱 글도 읽지 못했고, 일상적인 대화가 거의 불가능할 정도로 말을 심하게 더듬거렸다. 심지어 옷에 오줌까지 싸고 다녔다.

중학교를 겨우 마치고 나는 학업을 멈출 수밖에 없었다. 학교생활에 전혀 흥미를 느끼지 못했을 뿐만 아니라 공부에 대한 의욕이 전혀 없었다.

그렇게 사회에 나왔지만 언어와 의사소통이 어느 때보다 중요해진 시대에 취업은 생각할 수도 없었다. 사람들의 멸시와 냉대 속에서 살아야 했다.

그 와중에 그림이나 기호를 거꾸로 그려나가는 사물 인식 체계도 일상에 심각한 장애요인으로 작용했다. 삶의 의욕을 잃고 나는 급기야 폭음을 일삼기 시작했다. 자포자기 상태에 빠져 점점 절망의 나락으로 떨어지고 있었다.


그러던 중에 내 인생에 극적인 반전이 이뤄졌다. 아내가 구세주로 찾아온 것이다. 나의 이런 딱한 사정을 이해하고 받아준 아내는 내게 헌신적인 사랑을 베풀었다. 나는 그 사랑 속에서 서서히 마음의 안정을 되찾기 시작했다.

그러자 어릴 때 초롱초롱한 눈동자가 아직도 남아 있다는 사실을 발견했다. 또한 그 눈으로 글자를 익힐 적합한 방법을 강구하면 나도 정상적인 사람으로 살아갈 수 있을 것이라는 희망을 갖기 시작했다. 이 모든 것은 다 아내가 있었기 때문에 가능한 일이었다.

그런 중에 나처럼 난독증을 가진 사람들이 세계적인 위인으로 이름을 올리고 있다는 것도 알게 되었다. 그들이 어떻게 그것을 극복했으며, 그 과정에서 얼마만한 노력을 기울였는지를 알 수 있었다.

가구와 인테리어 디자이너로 예술가의 길을 걷기 시작한 스페인의 아티스트 하비에르 마리스칼은 올림픽 마스코트인 코비(Cobi)를 탄생시켰다. 코비는 스페인 카탈루냐 지방의 양치기 개를 입체적인 형식으로 의인화한 캐릭터로서 이전까지 올림픽 마스코트가 가지고 있던 전형적인 특징을 뒤엎은 획기적인 디자인이었다.

그도 난독증 때문에 단어를 잘 기억하지 못하며 읽고 쓰는 데 서툴렀다고 한다. 그래서 생각하고 기억하는 방식이 남들과 달랐다. 아내 이름인 모니카(Monica)인데 자꾸 잊어버려서, 아내 이름의 머리글자 'M'을 만든 다음 그것을 보고 기억하는 노력을 기울였다. 두 아이의 이름도 깜빡하기 일쑤여서 그들의 이름을 딴 디자인 작업을 하면서 자꾸 떠올려가며 익혔다는 것이다.


아내를 만나고 있을 때였다. 아버지에게 여자친구가 있다는 것을 말씀드렸을 때였다.

"처자 이름이 뭐꼬?"

"어, 이름은 모릅니다."

"허허, 이놈이 이름도 성도 모른다고? 네 놈이 제대로 된 여자를 만나겠어?"

이런 식으로 면박을 주셨다. 그러던 아버지가 아내가 된 여자친구를 보자 마냥 좋아하시며 이렇게 말씀하셨다.

"허허, 이놈이 입은 비뚤어져도 눈은 제대로 박혀 있군."

그 유명한 물리학자 알베르트 아인슈타인도 난독증이라 어렸을 때 글자를 인식하지 못했다. 그는 분석적 사고 기능이 집중된 뇌 부위가 정상적인 영역을 크게 벗어나 있었다고 한다. 언어기능을 통제하는 좌뇌의 기능이 상대적으로 뒤처졌던 그는 중요한 작업들을 문자나 기호로 나타내는 능력이 떨어져 먼저 머릿속의 사고실험을 통해 이루어졌나고 한다. 그것을 위해 아인슈타인은 생각의 흐름 속에 자신을 가두려고 몇 날 며칠 밤을 새우고 끼니를 거르면서 연구에 몰두했다는 것이다.

토마스 웨스트는 아인슈타인의 예를 들며 난독증을 가진 사람들이 거둔 뛰어난 성취가 '난독증에도 불구하고' 얻어낸 것이 아니라 '난독증 덕분에' 얻은 것이라고 표현했다. 역설적인 표현이다.

신은 사람마다 각각 견딜 수 있는 고통을 준다고 한다. 그러한 행위는 난독증을 가진 사람들이 충분히 그 시련을 딛고 일어나 놀라운 기적을 보여줄 것이라고 믿었던 신의 깊은 뜻이 아니었나 싶다. 물론 그들이 겪었을 고통은 상상도 못할 정도였겠지만.

"새는 날아야 하고, 물고기는 헤엄쳐야 하고, 사람은 달려야 한다."

살아온 기적 살아갈 날들을 위한 용기

아내의 격려 속에 나도 글자를 정확하게 쓰고 읽을 수 있는 방법을 찾기 시작했다. 초롱초롱한 눈동자가 붉게 충혈되어 찢어질 정도로 실명의 위기를 겪으면서도 수십 차례의 시행착오를 거듭한 끝에 마침내 글자 한 자 한 자를 그림으로 변형시키는 방식으로 정보를 두뇌에 저장함으로써 난독증이라는 굴레에서 벗어날 수 있었다.

## 마침내 글쓰기를 따라잡다

2014년 5월부터 EBS뉴스에서 난독증 학생들의 실태를 집중 보도했다. 우리나라는 난독증 학생에 대한 정확한 통계조차 없다고 한다. 하지만 대략 우리나라 초 · 중 · 고 학생 가운데 5%, 즉 33만 명이 넘는 아이들이 난독증세를 겪고 있는 것으로 추정된다고 한다. 물론 읽기는 하는데 해독을 못하는 아이들까지 포함하면 80%라고 하니, 그 심각성이 얼마나 큰지 짐작할 수 있을 것이다.

난독증을 겪는 아이들이 치료만큼이나 힘들어 하는 것은 난독증에 대한 편견이다. 단지 글을 읽거나 쓰는 것이 남보다 조금 힘든 것일 뿐인데도 마치 큰 장애가 있는 것처럼 보는 시각이 아이들에게 큰 상처를 주고 있는 것이다.

이렇게 고통 겪는 모든 아이들에게 나처럼 아내와 같은 헌신적인 사랑을 베풀어 주는 사람을 만날 수 없는 것이 아쉽다. 이런 문제를 아이들의 문제로 보지 말고, 어른들이 나서야 할 때다.

우리 모두 내 아내가 그랬던 것처럼, 에디슨의 어머니가 그랬던 것처럼 아이를 믿고 헌신적인 사랑을 베풀어 주는 부모가 되어야 하고, 학교 선생님이 되어야 하고, 성숙한 어른이 되어야 한다.


1963년에 초등학교에 입학했다. 입학한 지 한 달 정도 지난 무렵의 국어 받아쓰기 시간이었다. 선생님께서 개나리 노래 가사를 불러 주셨다.

"나리 나리 개나리 입에 따다 물고요."

그리고 그것을 그대로 쓰라고 했는데 나는 단 한 자도 적어내지 못했다. 단어를 떠올려 글로 나타내는 데 너무나 서툴렀다.

"태권이 바보래요."

그 순간 아이들이 놀리는 바람에 당황해서 옷에 오줌을 싸고 말았다. 생각만 해도 끔찍한 봄이었다.

그해 겨울방학 종례식 때였다. 선생님이 나를 조용히 불러 세웠다. 그리고 나에게 숙제과제물을 챙겨 주시면서 국어공책 한 권을 선물로 주셨다. 방학 동안 글자쓰기 연습과 글짓기 공부를 열심히 해서 새 학년에 올라가서는 숙제를 꼭 하라고 당부하셨다.

그때 나는 'ㄴ, ㄷ, ㅅ, ㅌ'의 좌우 구분을 못했고, '무마'와 '마무'

가 헷갈려 보였고, '파노라마'를 '노파마라'로 읽다 보니 단어의 뜻을 잘 인지하지 못했다.

아버지가 가르쳐 주실 때 글자를 익혀 보려고 안간힘을 다했으나 별 성과를 거두지 못했다. 급기야 발음도 명확하지 않았고 말도 심하게 더듬거리기 시작했다.

그때는 이게 난독증인지도 몰랐다. 그저 학습부진아로 낙인찍히는 바람에 기본적인 단어조차 잘 떠올리지 못하는 상태에 이르렀다. 글자에 대한 공포가 더해지면서 난독증 증세는 더욱 깊어진 것이다.

10살 무렵이었다. 하루는 아버지가 나를 저수지로 데려갔다.

"이렇게 더 살아봤자 뭐하냐? 우리 이대로 물에 빠져 죽자!"

"아빠, 안 돼요. 한번만 살려주세요. 살려만 주시면 앞으로 글자 공부를 열심히 해서 반드시 글자를 익힐게요."

나는 아버지에게 울며불며 매달렸다. 우리는 함께 울며 하늘을 원망했다.

그 후 글자와의 전쟁을 펼쳤다. 하지만 나는 여전히 답보상태에 머물러 있었다. 숙제도 제대로 할 수 없었다. 결국 중학교도 교문만 드나들었을 정도다.

그때 일을 생각하면 지금도 눈물이 앞을 가린다.


1998년 무렵에 나는 영원한 동반자인 아내의 도움으로 글자를 그림으로 인식하는 방법을 통해 글자 읽기를 시작했다. 그 덕분에 2001년의 택시기사 자격증시험을 단 한 번 만에 합격할 수 있었다.

그날 정말 많이 울었다. 내가 해냈다는 기쁨의 눈물이었고, 앞으로 더 노력하면 못할 것이 없다는 희망을 발견하고 절망의 터널에서 빠져나오는 눈물이었다. 정말 태어나서 그렇게 원 없이 울어본 적도 없었다.

하지만 그 기쁨도 잠시 생각을, 말(소리)을 거치지 않고, 바로 단어와 문장으로 표현하는 글쓰기는 여전히 어렵게만 느껴졌다. 그래서 글쓰기에 대한 노력을 더욱 기울이기로 했다.


김득신은 조선중기의 사람이다. 그는 책읽기를 좋아하여 사기의 〈백이열전〉을 10만 번 이상 읽었다고 한다. 그러자 어떤 사람이 시험 삼아 백이열전의 문자를 물었는데 아득하여 어떤 책에서 나온 것인지 알지 못했다고 한다.

"이 사람아, 이것은 백이열전에 나오는 말일세."

친구의 말을 듣고 충격을 받은 김득신은 이제 아예 처음부터 암송을 했다고 한다. 암송하는 과정에서 친구가 말한 문자가 있는 곳에 이르러서야 비로소 깨달아 글을 썼다고 한다.

그는 그 후에 스승의 훈도와 피나는 노력으로 그 당시에 다른 사람들은 이미 저 세상으로 떠날 나이인 59세에 과거에 급제했고, 마침

살아온 기적 살아갈 날들을 위한 용기

내 당대를 대표하는 명시인의 반열에도 오를 수 있었다.

김득신은 어느덧 나의 롤 모델이 되어 있었다. 나도 반드시 해낼 수 있다는 결의를 갖게 했다. 그래서 수필가 박종숙 선생님의 글쓰기 지도를 받기 시작했다.

선생님께서는 춘천문화원 문예창작반 가을 첫 수업에 글을 써 오라고 하셨다. 그러나 연상으로 과거의 경험을 다시 마음에 불러일으키는 일은 쉽지 않았다. 그렇게 단 한 편의 글도 쓰지 못한 채 시간만 흘러갔었다.

그러다 2013년 수료식 날, 어쩔 수 없이 봄 학기 개강을 기다려야 하는 처지가 되었다. 그런데 뜻밖에도 선생님께서 지난날 겪었던 일을 마음 편하게 표현해 보라고 격려해 주셨다. 이에 용기를 얻어 여러 편의 글을 써서 선생님께 보여드렸다. 그때마다 칭찬도 해주시고 잘못된 부분은 다시 고쳐 쓰라고 자상하게 첨삭지도를 해주셨다.

새해에 접어들어서 어떤 대상에 관한 인식이나 의식 내용이 다른 관념을 불러일으키는 정도까지 나아가게 되었다. 그리고 여러 편의 글을 써보았다.

하지만 여러 가지 내용을 잇달아 연상 작용으로 연결하느라 글 흐름이 일정한 방향을 잡지 못하는 상태가 되었다. 너무 서툴렀고 덤벙거렸다. 그래서 여러 가지 사물이나 개념에서 공통된 특성이나 속성을 파악하는 훈련을 집중적으로 했다. 그리고 문장과 문장을 잇는 연습을 많이 했다. 그동안 연결사와 조사를 빠뜨려 쓰는 바람에 문맥 파악이 어려운 부분을 바로 잡을 수 있었다.

또한 유비추리를 통해 복수성질의 상관관계에 관한 추리수련도 병행했다. 눈앞에 보이는 것만이 전부가 아니라 그 이면에 숨겨져 있는 것을 간접 경험과 결부시켜 유추해내는 능력을 키워 나갔다.

또한 몸에 깊숙이 배어 있는 사투리를 표준어로 교정하는 노력을 게을리하지 않았다. 참으로 어려운 일이었다. 내가 들은 바로는 어렸을 때 사투리를 표준어로 쓰는 일이 힘들어 아예 글쓰기를 포기했다는 사람도 있었다. 하지만 나는 이겨냈다. 피나는 노력으로 마침내 내 생각을 글로 표현하는 능력을 갖기 시작했다.


나는 조용히 눈을 감고 회상에 잠겼다.

50여 년 전 초등학교 1학년 시절 담임선생님께 숙제검사를 받기 위해 교실 맨 앞줄 책상에 앉았다. 선생님께서 내 숙제장을 유심히 살펴보시더니 이윽고 다정한 미소를 머금은 채 말씀하셨다.

"참 잘했어요."

그 순간 나는 책상 위에 올라서서 팔짝팔짝 뛰었다. 곧 친구들의 환호성과 박수 소리가 들려왔다.

참으로 길고 긴 노정이었다.

## 읽기가 안 되면 난독증을 점검해 보자

우리나라에 난독증을 알리기 시작한 사람은 〈난독증의 올바른 이해와 극복〉의 저자 로버트 프랭크라는 미국의 심리학자이다. 이 분은 부모가 발견할 수 있는 난독증의 징후를 쉽게 가르쳐 준다.

단어를 인지하거나 정확한 낱말을 쓰는데 문제가 있거나 글자를 거꾸로 쓰거나 바로 알려준 것을 금방 까먹는 경우, 말로 지시한 것을 잘 이해하지 못하거나 집중력이 부족한 경우, 글씨체가 안 좋거나 이름을 기억하는 데 어려움을 겪는 경우, 학교 숙제를 마치는 것이 유독 더디거나 독해력이 부족한 경우 등이 보이면 난독증 진단을 받아봐야 한다고 한다.

우리의 학교교육은 난독증 아이들에게 너무 잔인하게 이뤄지고 있다. 학교에 들어가면 읽기 능력을 평가하기 위해 공개적으로 책을 읽히는 선생님들이 많다. 읽기에 문제가 있는 아이들한테는 끔찍한 경험이다. 공부에 재미를 느끼기도 전에 나는 다른 애들보다 읽기를 못한다는 절망감을 경험한다. 공부의 흥미를 잃게 되는 것이다.

"인류는 책을 읽도록 태어나지 않았다."

– 매리언 울프의 〈책 읽는 뇌〉 중에서

매우 중요한 말이다. 태초에 인간은 글을 쓰지 않았다. 그러다가 문자를 발명하고, 문자를 통해서 글을 쓰기 시작하면서 거의 혁명에 가까운 일이 벌어진다.

이때 문자를 인식하는데 절대적인 역할을 하는 것이 인간의 두뇌다. 하지만 우리가 사용하는 문자가 완성되기까지 2000년 이상의 세월이 흘렀듯이 독서를 위한 두뇌의 구조로 만들어가기 위해 그만한 노력이 필요하다.

"남들은 다 읽는데 왜 너만 읽지 못하느냐?"

"노력과 집중력이 부족해서 그런 거니까 열심히 노력해야 한다."

가뜩이나 난독증으로 문자해독에 어려움을 겪는 아이에게 이렇게 말하는 것은 정말 잔인한 일이다.

나는 어릴 때 이런 말을 너무 많이 들었다. 나라고 공부 잘하고 싶은 마음이 왜 없었겠는가? 하지만 아무리 열심히 해도 잘 안 될 때, 노력이 부족해서 그런 거라고 하니까 자신감을 잃어버리고 이런 말도 듣기 귀찮으니까 아예 포기할 수밖에 없었던 것이다.

그 고통은 겪어 본 사람만이 안다. 세상에 어떤 아이가 공부를 잘하고 싶지 않단 말인가? 아무리 공부 못하는 아이도 공부를 잘하고 싶어 한다. 그들도 공부를 잘해서 선생님과 부모로부터 칭찬을 듣고 싶어 한다. 그런데 해도 안 되니까 아예 포기하게 되는 것이다.

살아온 기적 살아갈 날들을 위한 용기

지금 내 아이가 공부를 포기한 것 같다면 혹시 난독증은 아닐까 점검해 봐야 한다. 아이는 처음부터 공부를 포기한 것이 아니라 열심히 하려고 해도 읽기가 안 되니까 답답해서 포기한 행동을 보이는 것이다. 이럴 때는 아이를 닦달하거나 당장의 성적에 연연해서 몰아붙여서는 더욱 안 된다.

　　먼저 아이가 공부에 자신감을 갖도록 다독여 주고, 칭찬과 격려를 통해 스스로 공부하겠다는 의지를 세우도록 도와줘야 한다. 그런 다음에 아이에게 맞는 공부법을 찾아 주어야 한다.

# 5부

# 더불어 사는 세상

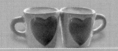

"왜 하필 나야?"
나는 아무리 어려워도 이렇게 말하지 않았다.
젊었을 때 수많은 좌절과 고통 속에서 살았어도
희망을 놓치지 않았다.
그랬기 때문에 지금의 아내를 만날 수 있었고,
아내를 만나 새로운 세상을 열 수 있었다.

더불어 사는 세상 | 5부

## 그때 내가 왜 그랬을까?

OBS 라디오에서 '행복한 10시 이용입니다'라는 프로그램을 하고 있는 이용 씨한테서 전화가 왔다. 전날에 YTN '김선영의 뉴스라인 공감토크'에서 인터뷰를 했는데, 그것을 이용 씨가 보고 직접 연락한 것이라고 했다.

"저 이용인데요. 수능 시험 전이라 수험생들한테 꼭 필요한 내용일 것 같아 전화 드렸습니다."

세상에나! 젊었을 적 우상이었던 이용 씨한테서 전화를 받다니! 이용 씨는 호적상으로 나보다 한 살 아래인 것으로 나온다. 그런데 알고 봤더니 그 당시 출생신고가 늦은 경우가 많아 실질적으로는 나하고 동갑이라고 했다. 그러니 더욱 정이 갔다.

이용 씨는 1980년대 한참 잘나가던 가수였다.

지금도 기억하고 있어요, 시월의 마지막 밤을

뜻 모를 이야기만 남긴 채 우리는 헤어졌지요.

그날의 쓸쓸했던 표정이 그대의 진실인가요.

한 마디 변명도 못하고 잊혀져야 하는 건가요.

언제나 돌아오는 계절은 나에게 꿈을 주지만

이룰 수 없는 꿈은 슬퍼요.

나를 울려요.

나는 지금도 젊었을 적에 '잊혀진 계절'을 부르며 감성에 젖었던 때를 잊을 수 없다. 이용 씨는 이 노래로 가수로서 최고의 반열의 올랐다. 그 무렵에 나는 서울의 서대문 쪽의 클럽에서 알바를 하고 있었다. 그곳에 이용 씨가 초청가수로 올 때가 있었다. 그런데 워낙 바쁘다 보니 가끔 제시간에 도착 못하는 일이 있었다. 이용 씨가 바쁜 일정으로 제시간에 도착 못하는 날이면 내심으로는 은근히 그 상황을 즐기고 있었다.

"야, 노태권!"

"예, 매니저님!"

"빨리 땜빵 준비해!"

그날은 내가 갖은 폼 잡고 대중 앞에 서는 날이었다. 한때 나도 가수가 되어 볼까 하는 꿈을 꾼 적이 있었다. 물론 지금 생각하면 그때 가수로 나가지 않은 것이 잘한 일이지만, 어쨌든 그때는 내 나름대로 청춘을 불태우던 시절이다.

"제가 젊었을 때 이용 씨 땜방 가수를 했습니다."

"아, 그러세요?"

방송할 때 이 이야기를 하니까 이용 씨가 굉장히 좋아하며 반색을 했다. 그래서 생전 처음으로 라디오에서 노래할 기회를 얻었다. 지금 생각하면 눈치 없는 나는 그 자리에서 송대관의 4박자를 불렀다. 지금이라면 좀 더 여유를 갖고 이용 씨의 히트곡인 '잊혀진 계절'을 불렀을 것이다. 생방송인 그때는 한 시절을 풍미했던 대가수 앞에 서니까 이용 씨의 노래를 부른다는 것은 엄두도 내지 못했다. 그럼에도 불구하고 사람 좋은 모습으로 밝게 웃어준 이용 씨에게는 평생 갚지 못할 빚을 진 기분이다.

## 뒷모습이 앞모습이다

가야 할 때를
분명히 알고 가는 이의
뒷모습은 얼마나 아름다운가?

꽃잎이 지는 모습을 노래한 시인의 마음이 느껴진다. 사람은 자신이 있어야 할 때와 물러날 때를 알아야 한다. 하지만 나는 이 구절이 떠오를 때마다 사람은 언제나 뒷모습까지 신경을 써야 한다는 뜻으로 해석했다.

춘천의 주유소에서 야간 주유원으로 일할 때의 일이다. 나는 공부에 몰입하기 위해 수시로 암기를 했고, 눈이 안 좋아졌을 때는 아내가 녹음해준 것을 듣기 위해 이어폰을 꽂고 시도 때도 없이 듣고 또 들었다. 그러다 보니 한 번은 주유원으로서 해서는 안 될 큰 실수를 했다.

독자들은 대충 짐작했으리라. 주유원으로서 해서는 안 될 큰 실수란 무엇일까? 아주 오래전에는 경유차와 휘발유차의 구분이 분명해서 큰 실수를 할 확률은 적었다. 하지만 어느 순간부터 경유를 쓰는 휘발유차가 늘어나면서 잠깐 딴 생각을 하면 실수는 순식간에 벌어진다.

살아온 기적 살아갈 날들을 위한 용기

"경유 넣어 주세요."

나중에 운전자는 분명히 이렇게 말했다고 했다. 하지만 나는 그때도 공부에 몰입하느라 그 소리를 듣지 못했다. 승용차라서 당연하다는 듯이 휘발유를 주입했다. 결국 차는 얼마 가지 못해 퍼져버렸다. 눈앞이 캄캄했다.

운전자는 당연히 노발대발했고, 어쩔 수 없이 수리비를 청구하라는 말로 화를 풀어 줄 수 있었다. 그런데 자그마치 300만 원이 청구되었다. 지금도 작은 돈이 아니지만 그 당시는 정말 큰돈이었다.

내 사정을 아는 사람들은 그냥 주유소를 그만두면 되는데 뭘 고민하느냐고 했다. 어차피 이런 일이 생기면 주유소가 물어줘야 하는 것이라고 했다. 그들 말대로 그만두면 사장한테 욕은 먹겠지만 법적으로는 책임을 면할 수 있었다. 하지만 나는 차마 그럴 수 없었다. 내가 그만두면 그 피해는 주유소 사장이 그대로 끌어안을 것이라 생각하니 해서는 안 될 짓이라 생각했다.

다행히 주유소 사장님은 내 딱한 사정을 알고 반만이라도 부담하라고 했다. 10개월 할부로 서로 월 15만 원씩 내기로 했다. 내 석 달치 월급이 그렇게 날아갔다.

경제적으로는 정말 힘들었지만 그렇게라도 해야 내 마음이 편할 것 같아서 마음이 따르는 대로 했다. 지금도 그렇게 돈을 갚기 위해 고생해야 했던 순간을 생각하면 정말 끔찍한 악몽이 떠오른다.

하지만 세상은 정말 모를 일이다. 만약에 내가 그때 배 째라는 식으로 주유소를 그만두고 나왔다면 어떤 일이 벌어졌을까?

수년 후에 나는 각종 방송에 출연하기 시작했다. 그중 하나인 '생활의 달인'을 본 그때 그 사장님이 홈페이지에 다음과 같은 댓글을 달았다.

"이 아저씨, 예전에 우리 주유소에서 일했던 적이 있는데 정말 좋은 사람입니다. 실수로 혼유를 하고 그냥 도망가지 않고 끝까지 책임을 졌던 분입니다. 형편도 넉넉지 않은데 끝까지 최선을 다해 주신 분이죠. 정말 성실하고 좋은 분입니다."

사람의 관계란 정말 모를 일이다. 세상은 돌고 돌아 비슷한 사람끼리 관계를 맺고 산다. 따라서 정말 있을 때 잘해야 한다. 아무리 안 좋은 관계라도 헤어질 때만큼은 좋은 모습을 보여야 한다. 그 모습이 곧 지금의 내 모습으로 비칠 수 있기 때문이다.

나는 지금도 뒷모습이 앞모습이라는 마음으로 당장 헤어질 사람이라도 최선을 다해 좋은 모습을 남기기 위해 노력한다.

만약 내가 그때 순간의 이익에 연연해서 책임을 버리고 그만두었다면, 사장님이 어떤 댓글을 달았을까? 적어도 내 얼굴에 침을 뱉는 내용이었으면 내용이었지, 지금처럼 광을 내는 말은 아니었을 것이다.

우리는 뒷모습이 앞모습이라는 생각으로 매사에 최선을 다해야 한다.


## 제가 세차하면 새 차가 됩니다

"왜 하필 나야?"

나는 아무리 어려워도 이렇게 말하지 않았다. 젊었을 때 수많은 좌절과 고통 속에서 살았어도 희망을 놓치지 않았다. 어쩌면 그랬기 때문에 지금의 아내를 만날 수 있었고, 아내를 만나 새로운 세상을 열 수 있었다. 강연을 잘하려고 어눌한 말투를 고치기 위해 재갈을 물고 발음 연습을 하기도 했다. 지금은 이가 다 빠져서 완전 틀니를 했을지라도 나는 결코 운명을 탓하지 않았다.

운명을 탓하면 탓할 운명만 보인다. 하지만 누구를 탓하기보다 바로 그 자리에서 무엇을 할 것인가 생각하며 최선을 다하다 보면 길이 보였다.


아이들을 가르치면서도 일주일에 하루는 일을 해야 했다. 막일도 매일 일을 해야 일거리를 구하는 법인데 말이다. 좀처럼 춘천에서는 일할 곳을 구하지 못했다.

하루는 쌀이 떨어져, 그 당시에는 지하철이 개통되기 전이라 마지막 밤 열차를 타고 구리로 원정을 갔다. 역 대합실에서 밤을 지새우고 다음날 새벽에 열리는 인력시장에 나갔는데 일자리를 구하지 못했다. 온종일 거리를 쏘다녔지만 별수 없었다. 그날 밤 또 대합실에서 밤을 새고 새벽에 눈을 뜨니 비가 오고 있었다. 비오는 날은 공치는 날이라고 나 자신을 위로하며 하룻밤을 또 대합실에서 보냈다.

그다음 날은 비가 내린 뒷날이라, 세차장에서 세차 일을 구할 수 있었다. 일거리를 준 세차장 주인이 고마웠다. 그날 내가 태어나서 최고로 열심히 일을 했다. 그 모습을 보고 흡족한 세차장 주인은 두말없이 나에게 일할 기회를 주었다. 그때부터 나는 그 일자리를 놓치지 않기 위해 이를 악물고 일에 열중했다. 나를 찾는 손님들이 늘어나 그 세차장은 항상 붐볐다. 그러나 나의 수입은 변함없었다. 열심히 일해서 세차의 달인이 되는 것도 중요하지만, 그것보다 나를 알려야겠다는 생각을 했다.

그래서 '삼성과 싸워 이기는 전략'으로 기업 브랜드 전문가로 널리 알려진 저자 신병철 박사가 쓴 〈개인 브랜드 성공 전략〉이라는 책을 읽었다. 그 책에는 평생 직장의 개념이 사라진 지금은 자신을 브랜드화 하는 '개인 브랜드'의 경쟁이 더욱 치열해지고 있다고 적고 있었다. 그리고 자기계발의 개념을 넘어 '개인 브랜드'는 내 몸값을 스

살아온 기적 살아갈 날들을 위한 용기

스로 결정해서, 내 자신으로부터 평생의 수익을 도출하는 것이 더 복잡해지고, 더 정교해지고, 더 날카로워진 시대에 경쟁력을 갖춘 '브랜드화 되어 있는 사람'이 살아남을 수 있는 길이라는 사실을 깨달았다. 반짝 하는 아이디어가 떠올랐다.

그래서 바로 15만 원이란 거금을 주고 사진관에 가서 멋진 프로필 사진을 찍었다. 그리고 벤츠와 내 사진을 넣고 전단지를 만들었다.

내 전략은 바로 대박이었다. 그때 나는 아우디나 벤츠와 같은 외

제차를 전문으로 세차하게 되었다. 평소보다 세 배 이상의 매출을 올렸다. 세차에서 인기를 끌다 보니 심지어 부산에서도 세차를 해줄 수 있겠냐는 전화를 받기도 했다. 그래서 그 후부터 얼른 전화번호 앞에 '출장사절'이라는 말을 붙여야 할 정도였다.

"왜 하필 나야."

이 말은 운명을 탓하는 말이기도 하지만, 자신의 운명에 족쇄를 거는 말이기도 하다. 스스로 자신의 운명에 족쇄를 걸고 잘살기를 바란다는 것은 정말 어불성설이다.


## 신발은 서로의 사랑을 싣고

올림픽 사상 최초로 마라톤 2연패를 이룩한 아베베 비킬라는 제17회 로마 올림픽 마라톤에서 맨발로 달려 우승함으로써 '맨발의 왕자'라 불렸다.

그 당시 독일의 아디다스가 에티오피아 올림픽 대표팀의 후원사였다. 하지만 아베베는 부상 선수의 대체요원으로 뒤늦게 대표팀에 합류하는 바람에 자신에게 '딱 맞는 신발'을 협찬 받을 수가 없었다. 그래서 그는 어쩔 수 없이 맨발로 달렸고, 마침내 기적을 이룬 것이다.

그러고 보니 신발에 얽힌 추억들이 새롭다. 어머니는 여자로서 큰 255mm의 신발을 신었다. 행상을 하셨던 어머니는 발에 딱 맞는 신발을 구하기 힘들었다. 그래서 항상 맞지 않는 작은 고무신을 신은 어머니의 발은 벌겋게 부어올라 있었다. 그래서 나는 용돈을 모아 노점이나 심부름으로 들르는 시장에서 큰 고무신만 보이면 무조건 샀다. 중학교 때는 부산 신발협동조합 매장까지 30리 길을 걸어가서 모든 가게를 샅샅이 뒤진 끝에 어머니 발에 '딱 맞는 신발'을 구해 드린 적도 있었다.

나는 어머니를 닮아서 발도 크지만 볼까지 넓었다. 초등학교 수학여행을 갔을 때 대부분 친구들은 고무신을 신고 갔다. 신발장이 없는 여관방 한 칸에 20여 명이 잠을 잤다. 아침에 자고 나온 아이들은 지난밤 통로에 벗어놓은 사이즈만 다른 검은 색 신발 사이에서 자신의 것을 찾느라 야단법석을 떨었다. 하지만 나는 그럴 필요가 없었다. 내 신발은 유일하게 티가 났다. 나는 여유를 부리며 내 발이 큰 것에 감사했었다.

하지만 군대에 입대하자 사정이 달라졌다. 1970년대 군대는 군화와 훈련화를 각각 한 켤레씩 지급했다. 그런데 군의 행사와 휴가 갈 때 신는, 내 발에 '딱 맞고 볼이 넓은 군화'는 어디에도 없었다. 그래서 285mm 사이즈인 나는 내 발에 맞지 않는 훈련화만 두 켤레를 지급 받아 3년 내내 신어야 했다. 큰 발을 작은 신발에 억지로 집어넣고 훈련이나 작업을 해야 했던 나는 훈련화 안에 최소한의 공간을 확보하기 위해 겨울에도 양말을 신을 수 없었다.

휴가를 얻어 집에 오자 물집 잡힌 내 발을 보신 어머니는 "그렇게 큰 군대도 네 발에 맞는 신발 하나 없더냐?"며 안쓰러워하셨다. 그러더니 어머니는 군 전역 기념 선물로 부산 광복동 도깨비시장에서 나에게 딱 맞고 볼이 넓은 군화를 사주셨다. 그 신발 덕분에 향토예비군 복무는 편안히 마칠 수 있었다.


자가용이 없는 나는 무조건 걷는 것을 원칙으로 삼았다. 덕분에 몸도 건강하고 교통비도 절약하는 혜택을 누리고 있다.

어느 날 노점에서 눈에 들어오는 운동화를 만났다. 신어 보니 내 발에 딱 맞지만 불행히도 볼이 좁은 285mm 신발이었다.

"얼만교?"

"부산 갈매기 아저씨, 만 오천 원이요."

나는 그 옆의 신을 가리키며 값을 물었다. 그는 280mm로 작아서 내 발에 들어가지도 않는다며 285mm 운동화를 만 사천 원에 팔겠다고 했다.

"아니오, 그냥 280mm로 하겠소."

살아온 기적 살아갈 날들을 위한 용기

"에이, 발이 들어가지 않는 신을 어떻게 신어요? 그냥 만 삼천 원에 해줄게요."

"신에 발을 맞추어야지요."

나는 가격이 만 원 이상을 넘으면 어차피 내 발에 '딱 맞는 볼 넓은' 신발은 찾지 않았다. 차라리 크기는 작아도 볼이 넓은 것을 골랐다. 그래서 신발장사의 흥정에 응하지 않고 280mm 신발을 집어 들었다.

"이 양반 고단수네. 만 이천 원!"

물건값을 깎지 않는 나는 만 원을 주고는 280mm 신을 들고 돌아섰다. 그 순간 그가 벌떡 일어나서 내 손에 든 신발을 낚아챘다. 그리고 험상궂은 장승의 얼굴로 변하더니 285mm 신발을 내밀었다. 나는 그렇게 생전 처음 신발을 오천 원씩이나 깎아서 샀다.


한 달 후에 그 노점을 또 찾았다. 근처에 있는 중국 음식점에 들어가서 짜장면 곱빼기 한 그릇을 노점 아저씨에게 배달시켰다. 그가 식사를 끝냈을 때 나는 짜장면 값을 치렀다고 말했다. 그리고 아내와 아이들의 운동화를 샀다. 그리고 나에게 '딱 맞는' 신과 '딱 맞고 볼이 넓은' 신발을 각각 한 켤레씩 골랐다. 또한 어머니 신으로는 파란색 꽃무늬가 새겨진 빨간 구두를 구입했다.

"부산 갈매기 아저씨!"

물건을 다량 구매하고 돌아오는데 노점 아저씨가 급하게 부르며 검은 봉지를 들고 쫓아왔다. 나는 괜찮다며 달렸다. 그는 더 빨리 쫓아왔다. 나도 더 빨리 달렸다.

"날 잡아 봐라. 지금 나는 내 발에 '딱 맞고 볼이 넓은 신발'을 신고 달리고 있다오."

나는 그렇게 그분의 단골이 되었고, 그분은 그렇게 나에게 더할 나위 없는 좋은 신발가게 주인이 되었다.


## 추억은 전국 곳곳에 머물고

1980년대 중반에 나는 죽마고우와 전국의 여러 장을 돌아다니면서 번개탄 장사를 했었다. 처음 장사를 시작한 곳은 이효석의 소설 '메밀꽃 필 무렵'의 배경인 강원도 평창군 봉평장이었다.

"번개탄 사려!"

그때는 이 소리가 입 안에서만 맴돌았다. 장이 파할 때까지 마수걸이도 못한 장사 초보들은 저녁도 먹지 못하고 여인숙 방에 누워 앞으로 살아갈 일을 걱정하며 뜬 눈으로 밤을 새우곤 했다. 소금을 뿌린 듯이 흐드러지게 핀 메밀꽃밭이 반겨 주리라 기대했건만.

살아온 기적 살아갈 날들을 위한 용기

포도와 유기그릇으로 유명한 안성에서는 싱싱하지 않은 동태를 아낙네들이 사지 않고 돌아서면 지금 당장 물에 집어넣으면 살아 헤엄쳐 도망간다고 너스레를 떨던 50대 후반의 아저씨 모습이 생생하다. 그땐 차에서 자며 밥을 거르는 날이 많아 눈이 희멀건했던 시절이었다.

순천은 세계적으로 알려진 순천만 습지가 있는 낭만이 어우러진 도시다. 벌교에서 아기를 들쳐 업고 포장마차를 끌고 다니며 장사를 하던 억척스러운 여수 아주머니 모습도 생생하다. 그들은 모두 얼굴에 시커먼 숯가루를 묻히고 한 달에 한 번 꼭 들렀던 우리를 반갑게 맞아 주었다. 장국밥을 시키면 반드시 덤을 주었다.

늘 돈이 부족했던 우리에게 외상으로 밥과 술을 주고, 마음이 넉넉해서 우리가 누님같이 따랐던 진주 남강 선술집에 홀로 사셨던 누님의 소식도 궁금하다. 벌써 30여 년 세월이 흘렀으니……. 그때 죽세품을 팔러 다니며 술만 마시면 누님 아니면 남강에 빠져 죽겠다며 매달렸던 김천 홀아비도 어떻게 되었을지 궁금하다.

콧수염에 구레나룻까지 거뭇하게 달고 다니며 대게를 팔러 다니던 영덕 강구 출신 장돌림의 모습도 그립다. 그는 화개장터에서 쌍계사까지 이어지는 화개 10리 벚꽃 길에서 만났다. 통성명할 때 서로 3살씩 올려 말했다는 것이 나중에 탄로 났지만, 어쨌든 우리는 동갑이었다. 말술도 마다하지 않던 그 친구, 지금은 어디서 어떻게 살고 있을까?

소금장사는 소금 메고 가다 장인어른을 만나도 인사 않는다는 말이 있다. 소금은 간물이 빠지면 포대가 축이 나서 제값을 못 받는다. 전남 목포 출신 노총각은 새벽부터 종횡무진 장을 누비고 다녔지만, 차에 실린 소금포대는 줄어들지 않고 저녁에 간물이 빠져 버린 소금자루를 보며 망연자실하곤 했다.

장사가 잘되지 않아 일할 사람을 구하지 못해 혼자서 북 치고 장구 치며 국밥을 팔던 봉화 최고의 미녀 노처녀 누님은 서울에 유학간 법대생인 남동생을 뒷바라지하느라 일 년 365일 하루도 쉬지 않고 국밥을 판다고 했다.

어느 해 겨울에는 운전대를 잡은 내가 월변교를 지나 울진시장 입구에서 물건이 가득 실린 차를 전복시키고 말았다. 온 천지에 숯가루가 펄펄 날리고, 개울에는 하늘을 향해 벌렁 드러누운 차체의 모습은 어떠했을까? 그날은 유독 추웠고 눈보라까지 휘몰아쳤다.

살아온 기적 살아갈 날들을 위한 용기

우리는 술도 참 많이 마셨다. 술에 취해 남대천을 따라 비틀비틀 걸어 나와 자주 들렀던 여인숙에서 반갑게 맞아 주셨던 할머니의 모습도 아른거린다.

## 먹고 싶어도 먹지 못하는 고통

연초에 길을 지나가다 음식점에서 가족이 오순도순 식사하는 장면을 보았다. 설빔을 곱게 차려입은 어린 아이가 엄마 무릎에 앉아 음식을 오물오물 꼭꼭 씹어 먹는 모습이 참으로 귀엽고 복스럽게 느껴졌다.

어릴 때부터 치주염을 앓은 나는 군 복무 시 염증이 급속히 진행되어 치아와 잇몸 사이에서 고름이 나오고, 치아가 흔들렸다. 20대 후반에는 치아가 저절로 하나 둘 빠지기 시작해서 30대 중반에 바로 틀니를 사용했다. 그래서 씹는 힘이 잇몸에만 전달되어 잇몸에 통증이 느껴지고, 잘 빠지고 씹는 능력이 자연치의 20%밖에 기능을 하지 못해 깍두기, 상추쌈, 갈비 등과 같은 질기고, 딱딱한 음식을 먹기 힘들어졌다. 40대에 들어서는 치수염이 동반되어 음식물을 씹지 않아도 통증을 느끼게 되는 단계까지 이르게 되었다. 그런 통증이 윗니에 나타날 경우 눈이 떠지지 않을 정도로 붓기도 하고, 아랫니의 경우 턱 밑과 목까지 부어 침을 삼키기조차 어려웠다. 그럴 때마다 4~5일 동안 물만 마시면서 통증이 사라질 때까지 기다릴 수밖에 없었다.

고통이 멎어도 부드러운 음식만을 먹어야 했다. 곡류는 조금만 먹어도 위가 가득 찬 느낌이 들어 소화 장애를 일으켰고, 시간이 지나도 위장 내에 음식이 계속 남아 있는 듯한 불쾌감으로 속이 울렁거렸다. 육류는 고기 냄새만 맡아도 구역질이 났다.

이런 상태가 계속되다 보니 단백질이 부족해 손톱과 발톱이 갈라졌고, 두뇌에 뿌리를 두고 두피로 솟아 나온 머리카락을 잡아줄 지방질이 부족해 탈모가 급속히 진행되었다. 그리고 체력 소모가 많은 노동일을 하면서 비타민 등의 영양소 섭취 부족으로 입 안에 혓바늘이 돋아 식사를 제대로 못해 피골이 상접한 상태가 되었다. 또한 손발에 냉기가 돌고 시리고 저려 한여름에도 양말을 신고 잠을 자야 했다. 겨울에 공사장에서 일하며 손금 따라 피부가 헐면서 손가락과 손바닥이 갈라져 작업도구를 잡는 것조차 힘들어졌다.

결국 일터에서 하루 일을 채우지 못하는 날이 자주 일어나 가족의 생계가 위협받는 상태에 이르렀다. 이런 상황으로 많이 먹어야 일할 수 있다는 생각이 전신을 옥죄어 오더니 급기야 굶어죽지 않으려면 반드시 먹어야 한다는 강박관념에 사로잡혀 음식 자체가 공포의 대상이 되었다.


아내는 삶을 단념한 나에게 생명의 불씨를 지펴가며 간호했다. 죽어도 같이 죽고 살아도 같이 살아야 한다며 나와 똑같이 죽을 먹었다. 아내의 헌신적인 뒷바라지와 정성에 힘입어 나는 건강이 회복되었고, 차츰차츰 음식에 대한 공포에서도 벗어날 수 있었다. 하루 한 끼 정도는 먹을 수 있게 되었다.

이제는 음식을 적게 먹어도 생명을 유지하고 활동하는 데 별 무리가 없다. 막노동을 연달아 일주일 이상할 때는 현기증도 나고 하늘이 노랗게 보이기도 한다. 신체의 힘을 돋우어주기 위해 육류도 먹어보고 싶지만, 섭취한 이후 어떤 결과가 나올지 두려워서 도무지 엄두를 내지 못하고 있다.

일주일에 한 번 정도 쇠고기나 돼지고기를 사와서 온 가족이 둘러앉아 맛있게 먹는 모습을 보는 것만으로도 즐겁다. 사람들이 음식을 적게 먹는 나에게 적은 양을 먹고 어떻게 힘든 일을 하느냐며 안쓰러운 시선을 보낼 때마다 비록 먹는 복은 타고 나지 못했지만 따사로운 인정이 감도는 말을 건네주는 그런 고마운 사람들이 있어 행복하다.

초등학교 시절 단짝이었던 친구 어머님 팔순 잔치에 초대를 받아 부산에 내려갔을 때였다. 하객들이 뷔페식당에 둘러앉아 즐겁게 식사를 하는 동안 연회장을 슬그머니 빠져나왔다. 집에 돌아올 때 그 친구는 깡마르고 피부에 버짐이 많이 번진 내 모습을 보고 지갑을 몽땅 털어 내 손에 돈을 쥐어 주었다. 나는 터미널로 향해 걸어가며 뒤돌아보지 못했다. 울면 바보라고 되뇌며……

그 동창이 아들 결혼식에 초대했다. 식사문제와 멀미 증상이 발생해 참석을 못하고 아내 혼자 '눈물밥'을 먹으러 갔었다. 그때 아내는 나를 위하여 야채죽도 쑤고 두부찌개도 요리를 해두었다며 꼭꼭 챙겨 먹으라고 신신당부했다. 그러나 그날은 밥맛도 없고 아내 눈치를 보지 않아도 되기에 식사를 하지 않았다. 그런데 서울에 나가 있는 큰 아들이 전화로 밥을 먹었는지, 무엇을 먹었는지 꼬치꼬치 물었다.

"왜 또 밥을 먹지 않으세요?"

작은 아들이 볼멘 목소리로 밥을 먹으라고 성화를 보냈다. 나는 변명 아닌 변명을 했다.

"부산까지 식사하러 가자니 귀찮고 해서 오늘은 굶으련다."

## 두부라면 괜찮죠?

"뭐 드시겠습니까?"

"예, 뭐든지 다 좋습니다."

요즘 강연을 다니면서 꿈에도 생각하고 싶지 않은 에피소드가 쌓이고 있다. 말로는 차마 할 수 없는 이야기라 이렇게 글로라도 표현

살아온 기적 살아갈 날들을 위한 용기

하고 싶다.

앞에서도 이야기했지만 나는 위장이 좋지 않다. 젊었을 때 고생을 하면서 건강이 많이 상한 모양이다. 그래서 가급적 많은 것을 먹지 않으려고 한다. 최대한 적게 먹으며 체력을 유지하려 애쓴다.

혼자 있을 때는 얼마든지 식사량을 조절할 수 있어서 좋았다. 하지만 강의를 하러 전국을 다니면서 문제가 생겼다. 어느 곳이건 강의가 끝나고 나면 식사를 대접해 주시는 분들이 있었다.

우리나라 인심이라는 것이 다 그렇다. 처음 만나는 사람이면 자기 지역에서 가장 좋은 음식점으로 모시고, 상대가 맛있게 먹어 주면 그것으로 뿌듯한 마음과 함께 정을 나누곤 한다. 나 역시 사람을 만나면 좋은 음식점으로 모시곤 한다. 그리고 음식을 대접 받은 사람이 맛있게 먹어 주면 그것만큼 행복한 일도 없다.

그래서 나는 누군가 음식을 대접하겠다고 하면 그게 무엇이든 사양하지 않고 잘 받아먹는 편이다. 그리고 가급적 맛있게 먹으려고 노력한다. 내가 그런 것처럼 상대도 이런 것을 좋아한다는 것을 잘 알기 때문이다.


나는 음식점에 가서 메뉴를 정할 때 내 것부터 주문할 수가 없다. 일단 상대가 원하는 것을 고르게 한 다음 주문할 때 그대로 묻어간다. 어차피 나는 제대로 못 먹는 것들이니까 상대라도 먹고 싶은 것을 먹게 해주고 싶기 때문이다. 다행히 아내가 따라다닐 때는 아내가 상대해 주니까 분위기는 자연스럽게 돌아가곤 했다.

그런데 몸이 안 좋으니까 가끔 난처한 상황에 처할 때가 있다. 대개 맛있는 음식으로는 육류와 회가 주를 이루었다. 주로 고깃집과 횟집에 가는 경우가 많은데 나는 이빨이 없어서 육류를 잘 먹지 못한다. 또한 위장 상태도 좋지 않아 육류나 회를 먹고 나면 속에서 부글부글 끓는 증상이 나타날 때가 많다. 부끄러운 이야기지만 화장실에 가서 소변을 보다가 나도 모르게 설사를 하는 바람에 팬티가 그대로 젖은 적도 있다. 허벅지를 타고 내린 뜨끈한 온기에 불쾌함도 있지만, 냄새라도 날까 봐 정말 노심초사하기 일쑤다. 어떨 때는 화장실에서 응급조치하는 것만으로 부족해서 팬티와 기저귀를 사들고 근처 모텔에 들어가 옷을 갈아입은 적도 몇 차례 있었다.

그러다 보니 나를 잘 아는 가족은 식사를 할 때마다 나를 배려해 주었다. 특히 동생들은 나를 만날 때면 내가 쉽게 먹고 속에 탈도 나지 않을 두부전골이나 찌개가 있는 곳으로 자주 들러 주었다. 나 때문에 괜히 더 좋은 음식점에 가지 못한 것이 미안해서 그러지 않아도 된다고 수시로 말하지만, 그래도 그들은 굳이 나를 위해 자신들의 입맛을 속이고 있다.

"형님, 두부라면 괜찮죠?"

언젠가 몸이 좋아지면 제일 먼저 동생들한테 맛있는 고기나 회를

살아온 기적 살아갈 날들을 위한 용기

대접해야겠다. 그동안 나를 위해 입맛을 속여 줘서 고맙다는 말도 꼭 전하면서……..

## 항상 고마운 동생들에게

난독증으로 공부에 자신감을 잃은 맏형인 나에 비해 밑의 두 동생은 공부를 잘했다. 어릴 때는 큰형의 눈치를 보느라 성적이 올랐다고 마냥 좋아하지도 못했다.

그때 우리는 영도에 살았는데 우리 삼 형제는 어머니의 뜻을 잘 따랐다. 연세대학교에 시험을 본다고 할 때 나는 어머니를 모시고 함께 서울로 갔다. 여관을 잡아 하룻밤을 보낼 때 동생이 내게 말했다.

"형, 걱정하지 마. 형이 못한 공부 내가 열심히 해서 실망시켜드리지 않을게."

나는 그런 동생들이 항상 고마웠다. 내가 힘든 막노동판을 전전하면서도 공부에 전념할 수 있었던 것은 두 동생이 남부럽지 않게 살며 부모님을 모셨기 때문에 가능한 일이다. 만약에 두 동생마저 나처럼 살았다면 부모님을 걱정하느라 어찌 공부에 전념할 수 있었을까? 두 동생을 생각하면 정말 자랑스럽고 대견할 뿐이다.

내가 춘천에서 힘들게 살고 있을 때 동생들이 찾아왔다. 그리고 슬쩍 눈치를 보더니 조심스럽게 봉투를 내밀었다. 형이 고생하는 모습이 안쓰러워 둘이 상의해서 각자 반씩 부담해서 5천만 원을 만들어 온 것이란다.

"형님, 형님이 잘 돼야 우리도 편히 살 수 있습니다. 절대 이상한 생각하지 말고 받아 주셨으면 합니다."

그 순간 나는 동생들의 마음은 잘 받아야겠지만 그 돈은 결코 받을 수가 없었다. 그래서 먼저 고맙다며 봉투를 받아 들고 조심스럽게 물었다.

"이거 제수씨들도 아는 일이냐?"

"아뇨, 우리끼리만 아는 일이니까 걱정하지 마세요. 은행에서 아주 낮은 이자로 빌려온 것이니까 절대로 부담 갖지 마세요."

나는 어떻게 하면 마음은 받되 돈은 돌려줄 수 있을까 고민하다 솔직하게 말하기로 했다.

"혹시 형이 자존심 때문에 안 받는다고 생각하면 안 된다. 너희도 처자가 있는데, 내가 제수님들 눈치를 볼 수밖에 없는 입장이 아니냐. 너희들 마음을 받았으니 이 돈만큼은 다시 가져갔으면 한다. 너희들이 잘살면 난 충분하다. 그리고 걱정마라. 이 형도 반드시 잘살 날이 올 거야. 알았지?"

그때 동생들은 형의 진심을 알고 말없이 내 뜻대로 따라 주었다.

살아온 기적 살아갈 날들을 위한 용기

자기 목소리를 내지 않고 형의 뜻대로 따라준 동생들이 한없이 고마울 뿐이다.

## 지금도 다리 밑으로 추억이 흐르고

어린 시절부터 나는 다리와 인연이 있었나 보다. 부산 영도에서 시청 공무원이었던 아버지의 맏이로 태어난 나는 유복했던 어린 시절 어머니와 손을 잡고 영도다리 한쪽을 들어 올려 선박을 지나가게 하는 광경을 자주 보러 갔다. 그때마다 동화 속 나라에 들어와 있는 듯한 착각에 빠져 마냥 즐거웠었다.

하지만 그 추억은 오래가지 않았다. 영도다리 관리를 맡아보는 책임자 중 한 분이셨던 아버지는 60년대 초 정권에 밉보여 해직을 당하셨다. 그 후로 일제강점기와 전쟁의 수탈과 애환 그리고 이산과 실향의 역사가 담겨 있는 영도다리만큼이나 우리 가정도 말할 수 없는 우여곡절을 겪어야 했다. 아버지는 생전 해보지 않았던 막노동을 해야 했고, 어머니는 고운 손으로 해보지 못했던 시장일로 내몰려야 했다.

스무 살 무렵에 울산 태화강변에 막노동을 하러 간 적이 있었다. 낮에는 작살 같은 뙤약볕이 도심 속 시멘트까지 파고들 때였다. 하지만 태화강 다리 아래는 땀을 식히기에 더할 나위 없는 명소였다. 다리 밑에는 벤치 같은 휴식공간이 있어서 사람들이 도란도란 이야기를 나누고 있었다.

나는 태화강변에서 장마로 패이고 울퉁불퉁하게 된 제방에 흙을 이겨서 고르게 바르는 마당맥질을 했다. 그리고 밤에는 숙박비를 절약하기 위해 같이 일했던 동료들과 함께 극성스러운 모기떼와 싸워가며 겨우 잠을 청해야 했다. 그때마다 피서를 즐기는 가족들이 몰려와 흐르는 물에 발을 담그고 더위를 식히면서 준비해온 음식을 먹느라 북새통을 이루는 바람에 선잠에서 깨어나 넋을 잃고 그들을 바라보곤 했다.

2001년 겨울, 춘천에서 일자리를 찾아다니며 노숙하던 때였다. 낮에는 세차장에서 일하고 자정 무렵에 음식점 배달을 마치고 다리 밑에서 잠을 잤다. 뼈 속 깊이 파고드는 추위 속에서 며칠 밤을 하얗게 지새웠다. 아침이 오면 그렇게 좋을 수가 없었다.

하루는 잠에 곯아 떨어져 자다가 바닥에서 올라오는 한기를 피해 옆으로 돌아눕는 순간 몸에 닿는 물체에 소스라치게 놀라 잠을 깼다. 캄캄한 어둠 속에서 시커먼 물건이 내 옆에 놓여 있었다. 등골이 오싹했다. 슬쩍 곁눈질해 보니 낯선 사람이 새우처럼 등을 구부려 나에게 바싹 붙어 코를 골며 자고 있었다. 마치 엉겅퀴 다발처럼 탑삭나룻이 얼굴에 제멋대로 퍼져 있는 것으로 보아 지난 몇 달 동안 세수

살아온 기적 살아갈 날들을 위한 용기

도 하지 않은 모양이다. 더구나 이렇게 둘이 엉켜서 자고 있는데 시커먼 형태의 사람이 워커발로 그의 목을 밟고 있었다. 나는 있는 힘을 다하여 옆에 자고 있는 사람의 급소를 잡아 당겼더니 죽은 것처럼 보였던 사람이 벌떡 일어나는 바람에 워커발의 정체불명의 사나이가 공중으로 나가 떨어졌다.

그 후로는 그 다리 밑 근방에도 가기 싫어졌다. 그래서 이리저리 돌아다니며 혼자 눈을 붙일 수 있는 곳만 찾아다녔다.

그러다 몇 년 후에 노숙공부를 하면서 또다시 다리 밑이나 노천에서 자기 시작했다. 그리 춥지 않은 봄, 어느 아파트 모델 하우스 뒤편에서 웅크리고 자는데 무엇인지 알 수 없는 딱딱한 물체가 내 등을 툭툭 쳤다. 짙은 어둠 속에서 고개를 들어 뒤를 돌아보니 깡마른 체구에 각목을 든 사내가 뭉툭한 코를 실룩거리며 눈시울을 모로 세워 험상스러운 갈퀴눈으로 나를 째려보고 있었다.

그때처럼 그놈이 발로 내 목을 눌렀다. 숨이 막혀왔다. 그러나 공부와 육체노동으로 만신창이가 된 내 몸은 대꼬챙이를 엮은 틀에 얇은 푸석살을 덮어놓은 것처럼 강파른 몸으로는 그를 대적할 수 없었다. 양손으로 그의 발을 들어 올리며 점잖고 차분한 목소리로 내가 머리에 베고 있는 배낭에는 심심풀이로 보는 몇 권의 책들과 작업복 한 벌이 들어 있을 뿐, 그대가 가져가 본들 별 도움이 되지 않을 것이라 말했다.

그리고 그에게 내 일행 서넛이 술을 사가지고 곧 올 텐데 기다렸다 간단한 요기나 하고 가라고 덧붙였다. 그러자 그 정체불명의 남자는 어둠 속으로 사라져갔다. 그 이후로 벽이나 기둥에 기대어 항상 주위를 살피며 선잠을 잤다.

## 제발 폐지만이라도 줍게 해달라고

어느 해 겨울 새벽에 80대 노인이 오토바이에 매달린 수레에 폐품을 산더미처럼 쌓아 싣고 주유소로 들어오고 있었다. 주유소에 설치된 철문 궤도에 타이어가 끼이는 바람에 노인은 원동기를 끌어안은 채 뒤로 벌렁 넘어졌다.

연일 계속되는 혹한과 사흘 동안 퍼붓는 눈으로 주유 차량이 뜸한 틈을 이용하여 책을 보고 있던 나는 노인에게 급히 달려갔다. 오토바이에 깔린 노인을 구하려고 안간힘을 쏟았다. 그러는 동안 흔들리고 뒤틀린 폐품더미가 갑작스레 무너져 내리며 내 얼굴을 덮쳤다. 원동기를 잡고 있던 내 오른손이 원동기 뒷좌석과 손수레의 손잡이를 묶은 매듭 사이에 끼어버렸다. 순간 의식이 흐릿해졌다.

하지만 눈을 한 움큼 입에 집어삼키고 30년 간 공사판에서 다져

살아온 기적 살아갈 날들을 위한 용기

진 체력을 바탕으로 오토바이와 깡통, 쇠붙이, 병, 폐지더미 속에서 사투를 벌인 끝에 기어코 원동기를 바로 세웠다. 키가 작고 마른 체구의 노인은 듬성듬성 남아 있는 누런 이를 드러내며 연신 고개를 숙이며 감사를 표했다.

"사장님, 고맙습니다. 고맙습니다."

얼떨결에 사장님 소리를 들었지만, 나는 그때 아래쪽 틀니가 부러지고 손가락이 3개나 골절이 되었다. 그나마 다행인 것은 노인은 다친 곳이 없었다는 것이다.

그때나 지금이나 이른 새벽이나 늦은 저녁까지 리어카나 유모차를 끌고 다니면서 폐지를 줍는 노인들을 길거리에서 종종 볼 수 있다. 상황 대처 능력이 현저히 떨어지는 60~70대 노인들이 건너편에 폐지가 보이면 갑자기 차도를 가로질러가는 아찔한 순간을 연출하기도 한다. 새벽과 야간에는 차량들로부터 보호받기 위해 불빛에 잘 띄는 반사 옷이나 모자를 착용해야 하는데 전혀 그렇지 않다. 오직 폐지 줍는 데만 몰두한다. 오토바이나 차가 지나갈 때에도 주변을 살피지 않고 폐지를 실은 리어카를 도로에 세워두기도 해서 운전자들이 이를 피하려고 곡예운전을 하는 모습을 많이 연출한다.

"사장님, 삼 천 원어치만 넣어 주세요."

성탄절 저녁이었다. 노인이 오토바이를 몰고 주유소로 들어왔다. 그리고 "사장님!"이라고 꾸벅 인사를 하고는 화장실 건물로 급히 들어갔다. 나는 정신없이 일하느라 노인을 까맣게 잊고 있었다. 문득 노인의 수레를 발견하고는 화장실 쪽을 바라보며 시계를 보았다. 자정이 훨씬 지나 있었다. 계속 밀려드는 차량들로 노인을 생각할 겨를이 없었다. 그렇게 또 30분가량이 흘렀다. 조금 여유가 생기자 얼른 자동차 기름 투입구에 주유기를 꽂아놓고 화장실 건물로 급히 뛰어 들어갔다. 그리고 입구 쪽 화장실 문부터 차례로 열어 젖혔다.

세상에나! 노인은 바지를 무릎까지 내린 채, 난방 스팀이 나오는 맨 끝 화장실의 변기에 앉아서 곤히 잠들어 있었다. 나는 살며시 나와 살그머니 문을 닫았다. 출입구로 걸어 나오는 데 갑자기 '쿵' 하는 소리가 들렸다. 급히 문을 열었더니 노인이 바닥으로 떨어져 있었다. 조심스럽게 일으켜 변기 위에 바로 앉혔다.

그 순간 나는 노인의 바지차림을 보고 그 자리에 얼어붙은 기분이었다. 노인은 맨 안쪽으로부터 팬티, 빨간 노끈으로 허리띠를 두른 여름 반바지, 넥타이를 허리띠로 한 춘추복 바지, 그 위에 내복과 체육복, 또 그 위에 닳아 해진 군용벨트를 맨 겨울바지, 가장 바깥쪽에는 두툼한 솜바지를 입고 있었다.

"고요한 밤 거룩한 밤……."

마침 바깥에서는 캐럴이 은은히 울려 퍼지고 있었다. 40대 중반에 배움의 길로 들어선 이후 14년 동안 공부를 하면서 잠시도 책을 손에서 놓은 적이 없었는데, 그날은 딱 하루 공부를 할 수 없었다.

살아온 기적 살아갈 날들을 위한 용기

며칠 후에 또 그 어르신이 "삼 천 원!"이라고 외치고 화장실로 급히 들어갔다. 그리고 잠시 후 다급히 나를 불렀다. 나는 생각할 겨를도 없이 차량에 주유기를 꽂아놓고 화장실 건물 안으로 달려갔다. 그분은 솜바지가 무릎까지 내려진 상태로 소변기 앞에 엉거주춤 서있었다. 꽁꽁 언 그분 손에 내 장갑을 끼워 주고 나는 그분의 바지를 내리는 긴 작업을 수행했다. 겨울바지부터 한 겹씩 한 겹씩 옷을 벗겨 내려갔다. 난생처음 해보는 일이라 꽤 오랜 시간이 걸렸다.

"빨리! 빨리!"

그분은 연신 채근했다. 노끈 매듭을 힘들게 풀어 반바지를 내렸다. 팬티를 내리자마자 소변기로 향해야 할 오줌이 내 얼굴에 사정없이 쏟아져 내렸다. 정말 끔찍한 순간이었다.

그분에게 계절은 여름과 겨울이 전부라고 했다. 겨울이 지나면 여름까지 한 겹씩 한 겹씩 옷을 벗어 던지고, 여름이 지나면 다시 하나씩 하나씩 주워 입는다고 했다. 어떤 해는 자기가 버린 옷을 자기 자신이 주워 입은 경우도 있었다고 했다. 노인은 일가친척도 없었다.

"제발, 폐지만이라도 줍게 해주세요."

노인의 유일한 희망이라고 했다.

사회는 점점 더 치열한 경쟁으로 내몰리고 있다. 그래서 폐지를 수거하는 노인들도 경쟁에 이기기 위해 이른 새벽부터 손수레를 끌고 생활전선으로 나와야 한다고 했다. 조금이라도 늦게 나왔다가는 허

탕을 치기 일쑤라고 했다.

이른 새벽에 일터로 향하다 얼어붙은 눈 더미 속을 뒤적이며 폐지를 찾는 한 노인을 보았다. 그 순간 춘천에 막 이사를 와서 주유소 야간 주유원으로 일하면서 겪었던 기억이 아련히 스쳐갔다.

인간은 무엇으로 살아야 하는가? 괜히 코끝이 짠해지는 것은 어쩔 수 없다.


## 보고프다 친구들아

내가 살던 곳은 전기도 수도도 들어오지 않는 부산시 외곽에 위치한 겹겹이 산으로 둘러싸인 빈농 마을이었다. 그래서 봄철이 되면 집집마다 양식 곤란을 겪어야 했었다.

그러나 베이비 붐 세대인 내 또래 아이들은 넘쳐났다. 그 조무래기들은 함께 어울려 마음껏 뛰어놀며 무럭무럭 잘 자랐다. 뒷동산 골짜기를 타고 내려오는 남실바람이 개구쟁이들의 코끝을 살짝 간질이면 꼬마 녀석들은 일제히 어깨동무를 하고 새털구름 나풀나풀 흘러가는 파란 하늘 아래 펼쳐진 들판을 가로질러 짙은 녹색 갈참나무가 빼곡히 들어선 숲속을 지나 연분홍 초롱꽃이 방긋방긋 웃음 짓는

개울까지 단숨에 달려가곤 했었다.

하지만 천진무구한 추억의 미소는 대중가요 가사처럼 아침에 피었다가 저녁에 지고 마는 나팔꽃의 생애만큼이나 짧았다.

읽기와 쓰기에 서툴렀던 나는 중학교 교문만 드나들었다. 사람은 끼리끼리 모인다고 하지 않았는가? 상급학교에 진학한 동무들은 자연적으로 멀어졌다. 변변한 기술도 없고 배움이 비슷한 잡일하는 친구들과 주로 어울려 다녔다. 공사판에서 일하는 사람들에게 겨울철은 일거리가 없어 신명나게 마셔대는 막걸리 시즌이다. 그때마다 우리는 육체노동의 괴로움과 못 배운 설움을 술로 씻어낸다는 명분으로 해운대 바닷가에 가서 밀려오는 파도를 바라보며 마시고 밀려가는 물결에 취해 울부짖곤 했었다.

그렇게 지내다 일거리를 찾으러 하나 둘 고향을 떠나기 시작했다. 그럴 때마다 우리는 마을 어귀 주막집에서 술 마시며 부둥켜안고 울었다. 다음날 떠나야 할 친구가 술이 덜 깨서 못 떠나면 "그놈의 술이 원수지!" 하면서 또 마셨다. 두세 번 송별회는 예사였다. 그때 떠나지 못하고 아예 지금까지 눌러 사는 친구도 있다.

## 에밀 자토펙을 존경하다

초등학교 시절 나는 미술시간에 사람이나 집, 나무 등을 아래에서 위쪽으로 그린다고 선생님께 늘 야단맞았다. 그래서 미술시간이 정말 싫었다. 국어시간은 말할 것도 없다.

하지만 나는 유독 체육시간에 펄펄 날았다. 4학년 때부터 달리기에서 두각을 보였다. 전교생 중에서 나를 능가할 아이가 없었다. 굼벵이도 구르는 재주는 있듯이 내게도 재주 하나는 분명히 있었다.

이러한 나를 우리 마을에서 공부를 가장 잘했던 형이 귀여워해 주었다. 그래서 내게 수시로 올림픽에 대한 이야기를 들려주었다.

올림픽에서 마라토너가 다른 종목에 중복 출전한다는 것은 사실상 불가능한 일이라고 한다. 하지만 지금까지 한 대회에서 마라톤을 포함해 3관왕에 오른 유일한 선수가 있다는 것이다. 바로 1952년 헬싱키 올림픽 5,000m, 1만m, 마라톤에서 3개의 금메달을 목에 건, 체코 출신의 인간 기관차 에밀 자토펙의 이야기였다.

TV가 없었던 시절이라 나는 올림픽도 몰랐고 더구나 육상 종목에 대해서 전혀 아는 바 없었다. 단지 달리기를 잘한다는 이유로 '인간 기관차'를 존경하기 시작했다.

그때나 지금이나 나는 한 번 가슴 속에 아로 새기면 일편단심 민들레였다.

5학년 운동회 때 대미를 장식하는 청백전 계주에서 선두와 반 바퀴나 뒤처진 상태에서 4번째 주자로 바통을 넘겨받았다. 마지막 주자인 나는 폭발적인 스피드로 3명을 제치는 기염을 토했다. 그 순간 운동장은 흥분의 도가니였다. 날마다 운동회만 했으면 좋겠다는 생각을 했다. 그런데 세상은 내 바람대로 이뤄지지 않았다.

초등학교 6학년 때는 슬픈 일들이 연달아 일어났다. 내가 존경하는 에밀 자토펙이 1968년 체코슬로바키아에서 일어난 민주자유화운동에 앞장 서는 바람에 공산당에서 제명을 당하고 군대의 계급도 박탈되었다는 소식을 들었다.

가엾어라, 나의 영웅!

그와 더불어 내게도 영원히 씻을 수 없는 치욕의 사건이 일어났다. 가을 운동회 전전날 밤에 어머니가 운동복과 모자 그리고 운동화를 사오셨다. 그 당시에 운동화를 신고 다니는 아이는 한 반에 몇 명 되지 않았다. 어머니가 무슨 돈이 있어서 사오셨을까? 고마우신 우리 어머니!


다음날, 학교에 가기 전에 친구들에게 자랑도 하고 몸도 풀 겸, 동네 골목길을 빠짐없이 네 바퀴 돌았다. 어른들께서 잘 뛴다고 칭찬해 주셨다. 소꿉친구 순이는 내가 자신의 집 앞을 통과할 때마다 대문 뒤에 숨어서 엿보았다. 몸이 날 것만 같았다. 아침밥도 안 먹고 학교까지 10리 길을 달려가서 또 운동장을 대여섯 바퀴 돌았다. 소운동회를 마치고 집까지 뛰어와 그대로 잠에 곯아떨어졌다.

그렇게 기다리고 기다리던 나의 잔칫날이 돌아왔다. 새벽에 일어나서 동네를 네 바퀴 돌고 아침밥을 먹는 둥 마는 둥 학교까지 달려갔다. 최종 컨디션 조절을 위해 운동장을 돌고 또 돌았다. 그런 다음 각종 운동기구를 창고에서 가져왔다. 몸이 그렇게 가벼울 수가 없었다. 아무리 적게 잡아도 이틀간 40km는 달렸을 것이다.

드디어 달리기 차례가 되었다. 동네 형이 가르쳐 준 대로, 출발선에서부터 나의 발 길이만큼 떨어진 지점에 앞발을 고정하고, 앞발의 뒤꿈치 옆에 무릎을 놓은 다음, 두 손은 양어깨 사이 너비보다 조금 넓게 하여, 출발선 바로 뒤쪽에 흙을 파서 뒷발을 짚고, 뒷다리의 무릎을 굽혀 상체를 약간 앞으로 기울인 자세를 취했다. 이러한 나의 영웅적인 모습에 모든 시선이 집중되었으며 간간히 사람들의 탄성이 들려왔었다.

입을 벌려 배가 부풀어 오르도록 한 번 숨을 들이마신 나는 출발 총소리와 동시에 뒷발을 힘차게 박차고 몇 걸음 달려 나갔다. 그런데 갑자기 온 세상이 노랗게 보이면서 다리가 고무처럼 흐늘거렸다. 그리고 앞으로 그대로 고꾸라졌다. 구경꾼들의 웃는 소리가 들렸다. 정말 지옥도 이런 지옥이 없었다. 얼마나 기다리고 기다리던 나의 무대였던가? 모든 것이 거품처럼 사라지는 순간이었다.

그로부터 35년 후 나는 큰아들 6학년 운동회 때 일하러 다니는 아내 대신 김밥을 싸들고 동춘천초등학교에 갔다. 교문 앞에는 키다리 풍선이 춤을 추며 가을 운동회의 분위기를 고조시켰다. 학부모들은 운동회가 시작되기 전에 그늘진 곳에 자리를 펴고 앉아 이야기를 주고받고 있었다. 어른아이 할 것 없이 모두 즐거운 모습이었다.

그때 나는 그토록 눈 빠지게 기다렸던 운동회 기억이 떠올랐다. 눈을 감았다. 어머니도 오셨다. 동무들도 많이 보였다. 솜사탕 파는 아저씨, 번데기 파는 아주머니도 즐거운 표정이었다.

"청군 이겨라!"

"백군 이겨라!"

"와아!"

그때 내가 달렸던 운동장에서 지금 아들이 달리고 있는 운동장으로 함성이 울려 퍼졌다. 지옥문이라도 열어 죽어버리고 싶었던 그 치욕의 운동회가 이렇게 가슴 벅찬 추억이 되어 돌아올 줄이야. 하늘 높이 만국기가 펄럭였다.

어린 시절 내 우상이었던 인간 기관차 에밀 자토펙은 불행히도 '프라하의 봄'이라 일컫는 체코의 민주화운동이 구소련의 무력개입으로 실패한 이후 20여 년의 유배생활을 해야 했다. 우라늄 광산에서 강제노역에 시달려야 했다. 하지만 1990년 공산정권이 붕괴되면서 완전히 복권되었다. 2000년 11월 22일 프라하의 국군병원에서 78세를 일기로 눈을 감았다.

　세상은 내가 선택한 것이다. 내가 에밀 자토펙을 존경하는 것은 올림픽에서 불멸의 기록을 세웠기 때문만은 아니다. 그는 '독재정권의 영웅'으로 편안한 삶을 영위할 수도 있었다. 하지만 그 안락함을 단호히 거부하고, 인간으로서 지켜야 할 존엄성을 지키기 위해 형극의 길을 선택했다. 그리고 자신의 선택에 대해 후회하지 않았다. 그렇기 때문에 나는 그를 더욱 존경한다.

　내가 살아온 삶은 내가 선택한 삶이다. 결코 누구를 탓하거나 원망할 성질의 것이 아니다. 그래서 나는 오늘도 지금보다 나은 삶을 선택하고 부단히 노력 중이다.

　나의 달리기는 아직 끝나지 않았다.

살아온 기적 살아갈 날들을 위한 용기

부록

둘째아들
노희주의 일기

부록

둘째아들 노희주의 일기

# 오늘은 걷지만 내일은 뛴다

저는 강원도 춘천시에 사는 노희주입니다.

태어날 때부터 앓아온 아토피 피부염으로 초등학교 1학년 때부터 병원에 다니기 시작했습니다. 중학교 때부터 갑자기 악화되어 머리카락은 빠지고 온몸에 진물이 흘러내리기 시작했습니다. 제주도산 말기름도 발라보고 오줌도 먹어 보았습니다. 별의별 민간요법을 다 해 보았지만 아무 소용이 없었습니다. 얼굴과 온몸은 긁어서 달 표면처럼 울퉁불퉁해졌습니다. 긁어서 생긴 자국을 이으면 길이가 지구 한 바퀴 반은 족히 될 것입니다. 다소 정돈되지 않은 외모 때문에 자신감을 잃었고 사람들과 만나는 것조차 꺼리게 되었습니다. 목수가 사용

살아온 기적 살아갈 날들을 위한 용기

하는 대패로 얼굴과 온몸을 깨끗이 밀어버리고 싶었습니다. 설상가상으로 2009년에는 대상포진이 발병하여 한 달 간 눈을 뜰 수가 없었기 때문에 1학년 때 춘천고등학교를 자퇴했습니다.

이때부터 아빠의 12년째 투혼이 시작되었습니다. 국사와 한국지리는 형이 공부한 2007년 EBS 수능특강 교재를 아빠께서 직접 읽어 주시기로 했고, 한국근현대사는 역사를 처음 선택해 부담이 많아서 세계지리로 바꾸었습니다.

언어는 모든 지문을 직접 아빠가 읽어 주시고, 문제는 EBS PDF 파일을 다운받아 300%로 확대하여 풀었습니다.

수리는 일단 아빠가 문제를 불러 주고 그림과 도표를 크게 그려 주시면 제가 문제를 푸는 방식을 택했습니다. 이렇게 사용한 A4용지는 3,000장이 넘었습니다.

외국어는 컴퓨터 2대를 이용해, 한 컴퓨터로는 EBS 수능특강 MP3 파일을 다운로드 받아 지문을 듣고, 다른 컴퓨터로는 EBS PDF 파일로 다운로드 받은 문제를 크게 확대해 화면에 띄운 후 푸는 방법을 동원했습니다. 정말 쉽지 않는 학습과정이었습니다. 영어 듣기는 MP3파일을 다운로드 받아 대화를 듣고, EBS 고교영어듣기 교재 PDF파일을 다운받아 문제를 풀었는데, 잘 보이지 않는 저에게는 그나마 편한 방법이었습니다.

낮보다 밤 시간에 몸이 더 간지러웠기에 밤을 새워 공부하는 방식을 선택했습니다. 공부하다 피곤하면 일정 시간 잠을 자는 수면법을 이용하는 바람에 하루에도 서너 번 자는 꼴이 되었습니다. 군대의 5분 대기조와 같은 아빠는 주야로 저를 지켜보며 지도했습니다. 학습 진행 속도가 전보다 아주 느려져 '단 한 번의 학습으로 끝낸다.'는 각오로 수업이 진행되었습니다.

폭염이 쏟아지는 7~8월, 에어컨도 없는 좁은 아파트에서 더위를 이겨내기란 쉽지 않았습니다. 낮에는 강원대학교 후문 근처 산에 올라가서 국사와 세계지리를 공부했습니다. 6월 평가원 시험에서 국사 점수가 잘 나오지 않았기 때문에 하루 6시간씩 아빠의 집중 강의를 들었습니다. 대신 언어는 2시간으로 줄였습니다. 너무 더울 때는 하루 12시간 이상 수면을 취하는 경우도 많았습니다. 반면 아빠는 10~20분씩 짬짬이 눈을 붙이면서 저에게 강의를 하고, EBS PDF 파일, MP3파일을 다운로드 받아서 저의 수업준비를 해주셨습니다.

늦었지만 제2외국어, 한문 공부를 본격적으로 시작했습니다. 골칫거리인 한문은 쓸 수는 없었지만, PDF파일을 다운로드 받아 300%로 확대해 컴퓨터 화면에 띄워 놓고 독음과 뜻 그리고 모양을 외우는 방식을 이용했습니다.

살아온 기적 살아갈 날들을 위한 용기

국사는 성적이 많이 향상되었지만, 언어와 외국어에서 점수가 많이 떨어졌습니다. 언어와 외국어 공부시간을 각각 4시간으로 늘렸습니다. 무더위가 한풀 꺾이고 날이 선선해지자 눈이 한층 맑아졌고, 몸도 덜 간지러웠습니다. 수능 때까지 남은 시간이 너무 촉박해 아빠와 상의해 EBS 교재 수능완성(언어, 수리, 외국어, 사회탐구 3과목, 한문)은 모두 보지 않고 포기하기로 했습니다. 한편 세계지리는 시간을 2시간으로 늘려서 수능특강 문제를 4번 정도 더 풀었습니다.

한 달 앞으로 다가온 수능, 언어는 수능특강 윤혜정 선생님, 김기훈 선생님. 수리는 수능특강 심주석 선생님. 외국어는 수능특강 윤연주 선생님, 장현옥 선생님의 강의를 모두 소화했습니다. 시간이 촉박하고 부족했지만 수능 전날까지 6~7시간 정도 자면서 총력전을 펼쳤습니다.

### 내 고향 부산 바다_ 2010년 12월 25일

기어이 또 집을 나오고 말았다. 우리 집의 유일한 교통수단인 자전거를 몰래 팔았다. 8년째 월세 주공 아파트에 사는 가족들에게는 다시는 돌아가지 않으리라.

고향 부산에 내려갔다.

어릴 때 가보았던 태종대

가파른 절벽 위에 섰다.

벼랑 끝으로

　한 발……

　한 발……

세상이 싫다.

난 태어나지 말았어야 했다.

누구의 잘못인가?

'……….'


## 대상포진_ 2011년 4월 10일


갑자기 눈 위에 콩알만 한 크기의 종기가 수십 개 생겼다. 아픈 것도 문제였지만 눈을 제대로 뜰 수가 없어 책과 EBS 강의를 보고 들을 수가 없었다. 작년 2010년 3월에 앓았던 대상포진이 재발한 것이었다. 또다시 공부를 포기해야 하나…….

## 병원 가는 날 _ 2011년 5월 3일

아빠의 팔짱을 낀 채 병원에 갔다. 오늘은 유난히 대기시간이 길었다. 모두가 내 얼굴만 쳐다보는 것 같았다. 창피하고 부끄러웠다. 이대로 도망가고 싶었다. 그럴수록 아빠의 팔짱은 더욱 조여들어왔다. 대기실에서 아빠의 국사 강의는 쉴 새 없이 진행되었다. 아빠 입에서 쉰내가 났다.

## 2011년 8월 17일 수요일 오후 2시경

강원대학교 후문 근처 산에서 아빠의 'EBS를 사랑하는 영원한 수험생'이라는 오프닝 멘트와 함께 국사와 세계지리 수업이 시작되었다. 기온은 섭씨 35도를 넘었고, 하늘에는 구름 한 점 없었다. 유달리 아빠의 얼굴이 창백했다. 아빠는 헤질 대로 헤진 국사, 근현대사 2007년도 EBS 교재를 조심스럽게 넘겼다. 가장 취약한 부분인 국사 속 근현대사 사회 파트 강의를 하던 중 아빠의 바짓가랑이가 젖어왔다. 웬일일까?

다리가 문어다리처럼 흐늘흐늘거렸다. 그러다 갑자기 앞으로 고꾸라졌다. 당황했다. 아빠를 일으키려고 했지만 좀처럼 움직이지 않왔다. 아빠는 옷에 똥오줌을 쌌다. 입과 코에서 피가 흘렀다. 틀니가 부러졌다. 앞이 캄캄했다.

"아빠, 119를 부를까요?"

"나는 오늘 죽지 않는다. 이 땅에 젊은이를 사랑하는 영원한 수험생은……. 내가 죽는다면 그것은 고3 수험생들과 고통을 함께 나누다가 수능 시험날 5교시 마치는 벨이 울리는 순간이다."

## 2011년 10월 3일 월요일 오후 5시경

EBS 세계지리를 PDF 파일로 켜놓고 문제를 푸는데 아빠가 갑자기 쓰러지더니 스르르 잠에 빠졌다. 코 고는 소리가 마치 헬리콥터가 저공으로 비행하는 것처럼 컸다. 저러다 혹시 못 깨어나면 어쩌나 하는 생각이 들어 덜컥 겁이 났다. 헬리콥터 소리가 점점 약해지더니 8일 오후 7시경 '이 세상 가장 불행한 남자' 아빠가 깨어났다. 멍한 모습이 이 세상 사람 같지 않았다. 122시간을 잔 것이다. 눈물이 왈칵 났다. 겨우 1년을 준비한 나도 힘든데, 수험생을 12년째 하고 있는 아빠는 얼마나 힘들었을까. 한 과목도 가르치기 쉽지 않은데 언어, 수리, 외국어, 사회탐구 4과목, 제2외국어/한문, 논술 총 9과목을 가르치는 전천후 아빠. 머리가 숙연해졌다.

살아온 기적 살아갈 날들을 위한 용기

## 2011년 11월 15일 화요일

아빠께서 EBS 사장님의 초청으로 EBS를 방문해 사장님과 임직원님들의 환대를 받고 돌아왔다. 그 자리에서 EBS교재 지원을 약속 받았다고 한다. 그리고 한국대학교육협의회에서 출간한 논술 교육 길라잡이 VI(인문계열, 자연계열) 책 2권을 가져왔다. 최태성 선생님으로부터 큰별쌤의 한눈에 사로잡는 한국사 책도 받아왔다.

## 아이스크림 한입만이라도 2012년 8월 30일

무더운 날씨 탓에 식욕을 잃어 급격하게 체중이 감소하였고 결국 의식을 잃고 쓰러졌다. 이틀 동안 정신없이 잔 것 같다. 차라리 영원히 깨어나지 말 것이지. 누웠던 이부자리가 진물과 땀으로 흥건하다. 아토피 피부염을 가진 사람에게는 여름은 죽음의 계절이다. 피부가 면역이 없어서 추위도 많이 타지만 더위에 더욱 약하다. 아빠는 마른 수건으로 등의 진물을 연신 닦아내신다. 죄송스럽다. 쓰리고 따갑다. 사람마다 각각 체질이 다른데, 나는 채소만 먹어야 한다. 더위가 빨리 물러갔으면 좋겠다. 아이스크림 한 입만이라도 베어 먹으면 좋으련만. 올 여름은 참으로 덥고도 길다.

## 시련은 있어도 실패는 없다 _ 2012년 11월 16일

　　이제는 너무 쇠약하고 탈진해서 소변 조절이 되지 않는다. 하는 수 없이 기저귀를 차고 수능시험장에 갔다. 언어 시험이 시작되었다. 벌써 기저귀가 질퍽하다. 듣기 방송이 시작되었다. 대화 내용이 들리지 않는다. 앞이 캄캄하다. 언어는 3등급을 받았다. 쉬는 시간 화장실에서 기저귀를 갈아 찼다. 아빠는 교문 밖에서 초초하게 서성거릴 텐데. 수많은 시련이 있어도 실패는 결코 있을 수 없다. 끝까지 최선을 다할 것을 다짐했다. 수리 시험지를 받았다. 근지러워서 울음을 참고 풀었다. 수리는 100점을 받았다. 봉사활동 때 찾아뵙는 할아버지가 보고 싶었다.

# 또 다른 강사공부의 길로 들어서며

조심스럽다. 하지만 후련하다.

가슴 속에 끌어안고 있을 때는 오롯이 나만의 이야기였는데, 이렇게 시원하게 털어놓고 보니 나만의 이야기가 아닌 것이 되어버렸다. 그동안 수많은 강연장에서 함께 해주며, 부끄러움을 무릅쓰고라도 내가 이렇게 모든 것을 털어 놓을 수 있도록 격려해 주며 용기를 준 모든 이들에게 감사드린다.

그동안 중졸의 학력으로 막노동판을 떠도느라 친구들과 거의 만날 일이 없었다. 당장 하루하루 먹고 살기 힘든 상황이었다. 그런데 지금은 예전 친구들이 전혀 생각지도 못한 강사의 길을 걷고 있다. 고향인 부산에서 강의를 마치고 나자 친구가 말했다.

"솔직히 너 말더듬이었잖아. 그런데 강의를 듣고 보니 정말 대단하다. 너도 그렇지만 부인도 정말 대단하다. 우리만 듣기엔 너무 아까운데, 책으로 만들어 보면 어떻겠니?"

그 친구뿐만 아니었다. 까막눈 시절의 내 모습을 기억하는 이들은 한결같이 놀라워하며 이렇게 권하곤 했다. 그동안 자녀교육에 관심이 많은 부모님들을 위해 발간한 〈공부의 힘〉이라는 책이 있지만, 실제로 내 강의를 많이 듣는 어른들을 위한 책이 없다는 것을 안타깝다며 한 말들이다.

오랫동안 망설였다. 과연 내 이야기가 어른들에게 얼마나 가치 있는 이야기로 들릴까 걱정이 앞섰다. 그런데 어른들을 위한 강연을 하고 돌아올 때마다 이런 책이 꼭 필요하다는 말을 계속 듣다 보니 용기를 내야겠다는 생각을 했다. 그런데 막상 글을 쓰기 시작하니 자칫 잘난 척하는 이야기로 들릴까 봐 두려웠다.

그럼에도 불구하고 이렇게 끝까지 글을 쓰고, 책으로 발간할 수 있었던 것은 나를 잘 아는 이들이 끊임없이 격려와 응원을 해주었기 때문에 가능한 일이었다. 이 자리를 빌어 진심으로 감사드린다.


나는 지금 강사라는 또 다른 공부의 길로 들어섰다. 부부교육과 좋은 아빠 교육의 강사로 활동하고 있다. 수능공부는 나 혼자 열심히 외우고 익히고 배우면 올백을 맞을 수 있지만, 강사공부는 나 혼자 아무리 열심히 외우고 익히고 배운다 하더라도 한계가 있다. 내 이야기를 듣고 마음을 불러일으켜 지금보다 더 나은 삶으로 나가기 위해 함께 해주는 이들이 있어야 가능한 일이다. 그래서 함께 했으면 하는 이들에게 먼저 마음을 털어놓고 다가서기 위해 부끄러움을 무릅쓰고 이렇게 내 이야기를 털어놓는다.

모쪼록 이 책을 통해 더 많은 부부와 아빠들이 함께 했으면 하는 욕심을 담아 본다. 부모인 우리가 바로 서야 아이들도 바로 서고, 그래야 우리의 노후도 아름다울 것이라 믿기 때문이다.


여러모로 부족함이 많은 나를 사랑해 주시고, 내 이야기를 듣기 위해 강의를 요청해 주시는 분들, 방송과 강연을 통해 아낌없는 사랑을 베풀어 주신 모든 분들께 감사드린다.

아울러 언제나 곁에서 함께 해주는 아내와 두 아들 그리고 뒤에서 묵묵히 지켜봐 주는 두 동생에게도 고마운 마음을 전한다. 그리고 이 책을 펼쳐든 모든 독자들께 좋은 일만 가득하시길 기원한다.


노태권

# 남편 덕분에 받은
# 과분한 사랑에 감사드리며

'이 사람이라면 평생 믿고 함께 할 수 있겠다.'

첫 만남에 그냥 반해버렸던 그 시절의 추억이 새삼스럽게 다가온다. 상대의 선한 인상과 자신감 넘치는 모습이 보기 좋았다. 비록 배운 거 없고 가진 것은 없지만 평생 행복하게 해줄 수 있다는 적극적인 태도에 마음을 빼앗겨버렸다. 그때 내 나이 서른다섯, 비교적 안정된 직장인 농협에 다니고 있었기에 두려울 것도 없었다.

어느덧 27년의 세월이 흘렀다. 그동안 정말 많은 일이 있었다. 남편의 사업이 번번이 실패하는 바람에 남편과 떨어져 살아야 했던 아픔도 있었다. 일자리를 찾아 전전하는 바람에 아이들과 관계가 좋지 않아 힘들어하는 남편을 가슴 조이며 지켜봐야 했던 시절도 있었다.

하지만 난독증 때문에 배우지 못했던 남편이 늦게나마 공부를 한다고 할 때 희망을 보며 기뻐했던 기억이 새롭다. 남편의 공부는 정말 지독하게 이뤄졌다. 글씨를 제대로 읽지 못해 어떻게든지 도움을 주려고 밤을 새워가며 남편이 배워야 할 내용을 커다란 글씨로 써서 코팅을 했던 기억이 이제는 아련한 추억으로 남아 있다.

오로지 남편을 믿었기에 희망을 품을 수 있었다. 나는 그저 아내로서, 엄마로서 해야 할 일을 했을 뿐이다. 그런데 지금 정밀 많은 이들로부터 과분한 사랑을 받고 있다. 모든 것이 남편을 믿고 따라다닌 덕분이다.


"사모님도 한번 강의를 해보시면 어떨까요? 살아오신 이야기를 들려주는 것만으로도 충분한 의미가 있을 겁니다."

그동안 남편을 따라다니며 많이 들었던 말이다. 그때마다 사람들이 괜히 내게 듣기 좋은 말을 하는 거라며 웃음으로 흘러 넘겼다. 한 남자의 아내로서, 두 아이의 엄마로서 당연히 해야 할 도리만 했을 뿐이라, 괜히 잘난 척한다는 소리를 듣지 않을까 걱정도 앞섰던 것이 사실이다. 그런데 남편이 대한민국 명강사 경진대회에서 대상을 수상하면서 이화여자대학교 명강사 육성과정에 발을 디디게 되었고, 그곳에서 주임교수인 안병재 교수님의 적극적인 권유마저 못 들은 척할 수 없어 용기를 내기 시작했다. 조심스레 이화여대 명강사 육성과정에 새내기로 등록을 했고, 그렇게 강사의 길에 첫발을 내딛기 시작했다. 아직 많은 것이 부족하고 어설프지만, 함께 하며 격려해 주시는 분들이 있어 용기를 갖고 남편을 내조했던 마음으로 정성을 다해 강사과정을 무사히 수료할 수 있었다. 이제 강사 최원숙으로 누구에게도 부끄럽지 않은 삶을 살아가려고 부단히 노력하고 있다.

2016년 11월에 (사)함께 하는 사랑밭에 남편의 강연을 따라간 적이 있었다. 강연을 마치고 (사)함께 하는 사랑밭 설립자 소천 권태일 선생께서 남편에게 뜻밖의 제안을 하셨다.

"강사님, 강사님 같은 분이 사랑밭 새벽편지 대표를 맡아 주셨으면 하는데 어떠신지요?"

처음에는 자문위원을 말씀하시더니 이내 대표를 맡아 달라니까 남편은 며칠 고민을 했다. 그동안 내 가정을 잘 지키는 것이 곧 사회와 나라를 위하는 길이라고 생각하며 살아왔고, 다행히 그런 일을 높이 평가해준 분들을 만나 전국 곳곳의 강연장을 돌아다니며 가족의 중요성에 대해 강의하는 일이 많아졌다. 그래서 어차피 해야 할 일이라면 화목한 가정을 바탕으로 건강한 사회를 만들어, 대한민국의 품격을 높이는 데 이바지하고자 노력하는 사단법인 '사랑밭 새벽편지'

의 대표를 맡는 것도 좋겠다는 결심을 했다. 그리고 고민 끝에 내게 이런 제안을 했다.

"당신이 함께 해주면 좋겠는데 어떻게 생각해?"

남편은 내게 공동대표로 함께 하자고 했다. 항상 붙어 다니니까 혼자 하는 것보다는 둘이 함께 하는 게 '사랑밭 새벽편지'의 좋은 취지를 더 살려 나갈 수 있지 않겠느냐는 것이었다. 처음에는 나까지 그럴 필요가 있겠냐고 뒤로 뺐지만, 남편이 하는 일이라면 얼마든지 함께 할 수 있다는 생각으로 조심스레 제안을 받아들였다.

그러자 남편이 설립자 권태일 선생께 공동대표를 제안했고 선생께서는 흔쾌히 허락을 해주셨다. '사랑밭 새벽편지 대표 최원숙'이라는 과분한 직책은 그렇게 내 곁으로 다가왔다. 그래서 요즘은 매일 새벽 40명의 직원들과 함께 전국의 300만 명 회원들에게 온 가족이 언제 보아도 가슴 따뜻하고 감동적인 이야기와 꼭 필요한 정보들을 이메일로 보내는 일을 신명나게 하고 있다.

돌이켜보면 내 삶에 대충이라는 것은 없었다. 비록 첫눈에 반했지만 남편을 선택할 때도 정말 모든 것을 걸었다. 이 남자라면 평생 함께 할 수 있을 거란 확신이 섰기에 선뜻 선택할 수 있었고, 그렇게 선택했기에 모든 것을 바쳐 힘든 세월을 이겨낼 수 있었다. 아이들이 게임중독에 빠져 걱정이 될 때도 오로지 아내로서, 엄마로서 내 역할에 충실하고자 최선을 다했기에 언제나 희망을 품을 수 있었다.

살아온 기적 살아갈 날들을 위한 용기

"늦게 피는 꽃은 있어도 피지 않는 꽃은 없다."

남편은 이 말에 용기를 가졌다며 공처가 노릇을 자처하고 있지만, 사실 이것은 남편에게 들려준 말이 아니라 어느 한 순간도 희망을 놓지 않겠다며 나 자신이 수시로 되새겼던 말이다.

이제 그 꽃이 피어나고 있음에 감사할 뿐이다. 힘든 시기에 오직 가족에 대한 사랑으로 모든 어려움을 이겨낸 남편에게 감사드린다. 그리고 아버지를 믿고 따라 반듯하게 자라준 두 아들에게도 고맙다는 말을 전한다.

아울러 늦게나마 꽃이 피도록 물심양면으로 도와주신 주변의 많은 분들께도 인사드린다. 가족처럼 사랑을 보태주신 ChFC.Korea 김병기 회장님과 많은 것이 부족함에도 강사의 길로 이끌어 주신 이화여대 글로벌미래평생교육원 최고명강사과정 안병재 주임교수님, 김석봉 책임교수님, 선후배 500여 명의 동문들에게 이 자리를 빌려 감사드린다.

방송에 출연할 때마다 격려해 주시고 응원해 주신 KBS '강연 100도씨' 임성훈 MC, '라이브' 이경희, 홍하연 작가, KBS '아침마당' 이금희, 윤인구 아나운서, SBS '생활의 달인' 김동현, 문권식 PD, EBS '생활의 비법' 김현욱 아나운서, MBN '최불암의 이야기 숲 어울림'의 최불암, 김민자 부부와 김경란 아나운서, CBS 시사프로그램인 '포커스 937 목요초대석' 연출 최원순, 정예현 특임국장님, MBC '허참의 토크 앤 조이' 허참 MC, EBS 전 사장 곽덕훈, 신삼수, 서동원 부장, 손희준, 이고주 PD, 전 EBS 최태성 선생님 등 방송 제작진님들께 이 자리를 빌려 진심으로 감사드린다.

수필 글쓰기를 지도해 주신 한국예총 춘천지부 박종숙 부회장님, 강사의 길로 나서는 저의 선한 꿈을 응원해 주신 고려대 최고명강사 과정 서필환 주임교수님, 목포교육청 이성래 장학사님, 천안 대한유치원 최은자 원장님, 엄계옥 시인, 아이마인드의원 서경란 원장님, 강원도 빈첸시오회 원운재 회장님의 응원에도 깊이 감사드린다.

끝으로 부족한 우리 이야기를 재미있게 읽어 주신 독자님들께도 진심으로 감사의 마음을 전한다.

2017년 정월에 최원숙